摄影丛谈 书系 04

# 对话
# Dialogue

## 21 位重塑当代摄影的艺术家
## 21 Artists Who Reshaped Contemporary Photography

傅尔得 著

浙江摄影出版社
全国百佳图书出版单位

# preface

## 前言

我很喜欢做采访，因为这意味着能和采访对象深入交流，以及经历这过程之后所获得的鲜活的一手资料。

本书中的摄影家来自世界各地，他们的作品已经或正在引起业界的广泛关注。他们有的已功成名就，成为行业内被追随和效仿的对象，但仍继续进行着实验和挑战，将摄影这一媒介的语言和表达向前推进；他们有的正蓄势待发，即便是年纪尚轻但绝非资历浅显，因其作品的敏感和深刻，他们正受到当下重要美术馆、策展人、画廊的青睐。尽管处于创作生涯的不同阶段，他们都以各自独特的面貌，拓展摄影这一媒介的内涵和外延，共同构成一股重塑当代摄影的重要力量。

我很感谢这本书中的21位摄影师，每一次对他们的采访，都让我获益匪浅。在谈论自己的作品时，他们都展现了最大的耐心与热忱，而每一次的访问，都让我对摄影的理解往前迈了一步。因此，这本书的写作过程，也是我个人的学习过程。每一位摄影师，都为我们理解自身和所处的社会，提供了独特的视角。尽管他们来自不同的国家，成长于不同的环境，有着不同的教育背景和信仰，面临着不同的困境和挣扎，但

是，我们大家都共享着同一个时代。因此，无论是彼得•雨果（Pieter Hugo）镜头下的墨西哥，还是苏赫拉布•胡拉（Sohrab Hura）所呈现的印度，抑或是马丁•科勒（Martin Kollar）所截取的以色列，我们都能经由他们对摄影这一媒介如医生使用手术刀般娴熟的运用，对那些异域社会产生共情。不管本书中的摄影师们的镜头关照的是世界的何处，不管他们所思考的问题是抽象的还是具体的，也不管其表达涵盖了历史还是当下，他们都通过摄影，在不同的人群之间建立了一种特殊的联系。

本书中的访谈，绝大部分都是为《城市画报》杂志的“想象（IMAGINE）”栏目而进行的，也有个别是为了《中国摄影》杂志而做的。因此，这本书相当于凝结了这几年来我与《城市画报》的编辑仇敏业之间的合作。仇敏业不光是该杂志的视觉总监，更是一位摄影艺术家，在工作之外，他也不断进行着自己的艺术创作，作品被全摄影画廊（位于上海有着20年历史的专业摄影画廊）代理。这几年来，我与仇敏业之间，一直维持着一种“君子之交淡如水”式的合作，这意味着我们保持着合适的距离，但全然地信任和尊重彼此。本书所采访的摄影师，也都是仇敏业感兴趣的，这使得我们的合作有着非同一般的默契。此外，在写作上，仇敏业也曾经给我提出过非常珍贵的意见，这使得我为这个栏目的写作变得更为开放和深入。所以，借着这本书的出版，我要向他表达诚挚的感谢。

当然，我要再次感谢本书中的每一位摄影师，当我告诉他们这些访谈要集结成一本书，并向他们争取作品的使用版权时，他们纷纷给出了最大的支持，使这本书的呈现更为完善，我对此心存感激。最后，我非常感谢浙江摄影出版社程禾、王家豪等在本书编辑过程中付出的时间和精力，也要感谢一直支持我书籍出版事业的郑幼幼女士。

傅尔得

# CONTENTS

## 目录

# 1

## 彼得·雨果 | Pieter Hugo

## 墨西哥性与死

在全球摄影艺术领域颇负盛名的艺术家彼得·雨果(Pieter Hugo),不久前发布了他这两年在墨西哥拍摄的新项目《蟑螂》(*La Cucaracha*)。这的确是个好时机,随着特朗普上任后不顾一切地要实现在美墨边境修建边境墙的竞选承诺,墨西哥成了近年国际社会持续关注的热点。2019年夏天,我在乘坐一趟从新奥尔良抵达洛杉矶的美铁途中,连火车上的厨师都主动指着车窗外荒草丛中并不明显的低矮栅栏,告诉我说,那就是美墨边境线,俨然那是一道不容错过的景点,当下我瞬间脑补了特朗普在最终被迫放弃于墨西哥边境将儿童移民与他们的父母分离的政策时的尴尬与窘迫。而彼得·雨果也没有放过这一点,在该项目的一篇文字阐释中,他写道:“在特朗普时代,墨西哥绝对是局外人。”

在墨西哥,南非摄影师彼得·雨果也是局外人。一直以来,正是局外人的身份所带来的孤立感和困惑,让归属感和非归属感之间的冲突,成为其作品中不可缺少的魅力之一。作为一个南非中上阶层出身的白人,彼得·雨果一直都对自己是否为非洲人产生着严重的质疑,为此,他通过不断拍摄普通的非洲边缘人群,来寻找归属的意义。

他的拍摄对象,从南非的盲人、白化病患者等边缘群体,到尼日利

坠落的果子，沙坦－德萨拉戈萨，2018；© Pieter Hugo

亚混迹于仅次于印度宝莱坞的第二大电影产地瑙莱坞中装扮成木乃伊、巫医和持枪歹徒的演员们，从卢旺达在结束大屠杀后出生的小孩，到南非结束种族隔离制度后出生的小孩，从在加纳靠着分拣全球最大的废弃电脑垃圾场上的物品讨生活的人们，到彼得·雨果自己、其家人和朋友。彼得·雨果为我们展示了一个交织着原始与现代、贫困与奋斗，且带着暴力和殖民主义伤痕的复杂非洲，特别是其2007年发表的展示尼日利亚社会中的一群以驯养鬣狗、石蟒和狒狒等进行表演并同时卖药为生的边缘人群的系列，因展现了我们前所未见的非洲的野性与驯服、边缘群体的神秘与生存处境等，而吸引了全世界的目光，从此跃上国际舞台。

局外人的身份感，让拍了近二十年非洲之后的彼得·雨果在进入非洲之外的地方拍摄时，依旧能找出自己在环境中的位置，在审视自己的

军人宿舍，瓦哈卡－德胡亚雷斯，2019；© Pieter Hugo

一千英里，维勒－德卡本，2019；© Pieter Hugo

同时，客观地观看他者。在《蟑螂》系列中，彼得·雨果根据墨西哥的历史、文化、社会、艺术、现状等，用影像构建出了一个真实的墨西哥，而这比媒体所构建出的刻板印象，要丰富和全面得多，也更接近真实。

当然，我们从媒体渠道所了解的墨西哥也大多是真的：墨西哥有着世界上规模最大、势力最强的贩毒集团。此外，能源、电信和媒体领域令人窒息的垄断，薄弱的中小学教育系统，犯罪集团的猖獗，以及腐败的警察和司法体系等，都在阻碍这个国家的发展。但是，这只交代了故事的背景，对于作为主角的墨西哥人来讲，他们的精神是无法由此被压抑下去的。事实是，不管国家变得多么暴力和混乱，墨西哥人都会很快适应，能随时调整满足感，且在与风险共存中，继续生活。

这正好印证了彼得·雨果将该系列命名为La Cucaracha的由来。La Cucaracha翻译成中文意思是蟑螂，它是根据曾在墨西哥革命时期流行的西班牙传统民歌改编的一首曲子，讲的是一只失去了两条后腿的蟑螂拼命挣扎着走路的故事。在彼得·雨果看来，“流行文化中的蟑螂是我们既钦佩又厌恶的东西。厌恶是因为它会让我们害怕，它是腐败和缺乏卫生的象征。而令人钦佩的是，据说蟑螂是能在核浩劫中幸存下来的少数生物之一，即便它受到了生活的挫折，但仍然可以获得胜利。这也是这个项目的意义所在。”蟑螂隐喻了在极端生存状态下生活的墨西哥人，他们坚韧有余，能够在快乐和悲剧性的生活中保持平静自在，在生与死之间穿梭自如。

彼得·雨果抓住了墨西哥人生与死共存的精神，他们在对现状认命，对生活妥协的同时，有着旺盛如蟑螂的生命力。墨西哥人对生活中的死亡已熟视无睹，这源于历史、革命和现状的积累，无论是传统历史中墨西哥人的祖先阿兹特克人在受宗教和习俗影响下的频繁人祭活动，还是1910年到1920年因革命内战造成的130万人的死亡，抑或是在过去十年来与贩毒集团有关的5万的庞大遇害人数字，等等。贩毒集团不仅把死亡变成了日常生活的一部分，也为其他形式的暴力打开了大门。彼得·雨果用他奔走于墨西哥的影像对暴力和死亡加以回应，躺在手推车

上的尸体、躺在地上燃烧中的尸体、被砍下的头颅、解剖课上已被切得支离破碎的人体标本、满身鲜血的妇人、脸上流血的拳击手等等，都在诠释着彼得·雨果所说的：墨西哥与死亡有着非常复杂的联系。

性，作为《蟑螂》系列的另一个主题，在彼得·雨果理解的墨西哥社会中，有着复杂的多元面向。性作为爱的一部分，我们既能看到面带妆容正视镜头的失足妇女，也能看到一对在北部边境小镇等待前往美国的火车前以裸体相拥的难民情侣。而几幅来自瓦哈卡州的muxe人的肖

瓦匠，瓦哈卡，2018；© Pieter Hugo

像，则让我们看到了墨西哥这个传统天主教保守国度在历史习俗和现实生活的演变下的开放文化性别。作为萨波特克（Zapotec）文化的一部分，“muxe”是男、女之外的第三性别，他们既不是同性恋，也不是跨

跨性别者 Muxe 肖像 #3，胡奇坦－德萨拉戈萨，2018；© Pieter Hugo

性工作者，瓦哈卡 – 德胡亚雷斯，2018；© Pieter Hugo

性别者，而是一种文化性别，是有着一部分女性穿着和行为特征的生理男性。

就影像语言来讲，延续到墨西哥的系列中，我们看到了彼得·雨果多年来所建立的既存模式和框架，比如，家庭肖像、裸体肖像、逼仄空间里的一张脏兮兮的空床、由内而外的力量产生的表面裂缝、人的尸体、静态景观，等等。但是，我们也看到他在新系列中进行了很大的自我突破。以他最为人称道的肖像为例，这次他对墨西哥的历史、艺术、文化、文学、社会符号，以及西方艺术史进行了大量的引用和参考。比如，一群兼职演出的垃圾清洁工拥抬着一人的画面，便引用自大卫·阿尔法罗·西奎罗斯（David Alfaro Siqueiros）所画的牺牲革命家的壁画。

风流男子，墨西哥城，2019；© Pieter Hugo

裸体歌手姐妹的画面，参考了油画《加布里埃尔和她的姐妹，维拉斯公爵夫人》(*Gabrielle d'Estrees and Her Sister, the Duchess of Villars*，1594)。而彼得·雨果在Zipolite裸体海滩上偶遇的骑着驴的裸体男子，则借鉴了油画《马背上的戈黛娃夫人》(*Lady Godiva*，1897)的形象，等等。此外，还有已成为墨西哥文化艺术符号的弗里达·卡罗(Frida Kahlo)的塑料像，对国徽上仙人掌、蛇等符号的灵活引用，以及在天主教国家里头戴荆棘皇冠的普通人肖像，等等。通过这些借鉴和引用，彼得·雨果实现了将故事叙述、经历和情感浓缩在一幅画面中的突破。这些引用的确拉伸了图像的历史纵深，丰富了其意涵，而与此同时，彼得·雨果却在这些华丽原版画面的基础上，构建了一个与之反差剧烈的

堂·吉诃德，瓦哈卡－德胡亚雷斯，2018；© Pieter Hugo

爱人，埃莫西约，2019；© Pieter Hugo

有着廉价质感的底层现实。这，不正凸显了墨西哥人蟑螂式的生存处境吗？

## 访　谈

**傅尔得：**在拍摄《蟑螂》系列时，你在第一次到墨西哥拍摄了一个月之后，紧接着又在两年内去了四次，每次停留了约一个月的时间。墨

西哥让你深入并一头扎进去的动力和能量是什么？

**彼得·雨果：**正如我在这个系列的文字描述中所阐述的，是墨西哥无政府主义的、发自肺腑的能量钻进了我的皮肤，把我吸引了进去。墨西哥有着独特的民族精神和美学，人们普遍接受了这样一种论调：生活没有光荣的胜利，也没有幸福的结局。幽默、仪式感、强烈的集体意识和对不可避免的事情的接受，使我们有生活在悲惨的、往往是不可接受的情况中的可能。

**傅尔得：**我们应该如何理解你在阐述《蟑螂》系列时所说的这句话“在这里，死亡与我所习惯的关系是非常不同的”，死亡这一命题在你的创作中占据着什么样的位置？

**彼得·雨果：**在某种程度上，我所有的作品都与死亡有关。所有的照片都只是抓取了已逝去的瞬间，而我通过我的作品来思考死亡。是死亡让那些不可避免的事情更容易让人接受，在墨西哥这个充满毒枭的国家，死亡政治已渗透到其社会的各个方面，我们在他们纪念逝者的矛盾表达中，在他们亡灵节的庆祝活动中，在毒贩子残忍地肢解尸体等时候，都可以看到这些联系。

**傅尔得：**就美学层面来说，在《蟑螂》系列中，我们在你的拍摄对象所摆的姿势上，看到了不少西方油画和墨西哥壁画的影子，比如，墨西哥社会现实主义画家、共产主义武装分子大卫·阿尔法罗·西凯罗斯的壁画。你所采取的这些视觉引用的意图在于什么？

**彼得·雨果：**从2018年到2019年在墨西哥创作期间，我的作品发生了另一个重大的转变。我越来越意识到我的作品和艺术史上反复出现的主题之间的联系。我从来都不习惯把自己固定在艺术史和摄影的某个坐标轴上，我喜欢在新闻报道、新纪实、取证分析和类型学、时尚等创作形式中来回跳转，而这些不同的形式是相辅相成的。在墨西哥创作时，我特别喜欢看壁画。比如，我那张形式上像西凯罗斯的壁画的作品，

就是我找来的一群垃圾清洁工摆拍的，他们也偶尔在街头剧团兼职。我给他们看了一张西凯罗斯的画面作为参考，让他们重新创作。我喜欢预先构想和意外之间的结合。

**傅尔得：**你能谈谈你是如何在肖像摄影中注入情感和一种高度紧张的感觉的吗？

**彼得·雨果：**其实，在拍照的过程中，我就会尽量保持一种紧张感。而且，不仅在拍照中会这样，在之后编辑照片中我也很注意这一点。

**傅尔得：**除了肖像本身，你的作品中还呈现出了很重要的一点，那就是肖像与环境之间的关系。比如，在《1994》系列中，那些身处南非和卢旺达的小孩，都与他们所处的环境紧密相连且互相投射出意义。而在墨西哥系列《蟑螂》中，你也随时都在强调环境之于人物的重要，无论这环境是指历史意义上的，还是现实生活中的，抑或是精神上的等。你如何看待摄影中的人与环境之间的关系，在《蟑螂》中，这种关于拍摄对象与环境之间的关系的定位有发生什么改变吗？

**彼得·雨果：**我一直都很好奇我们的环境和历史是如何在我们的身体和情感上留下印记的。这些影像是一种抗议的形式，表达了我对墨西哥人的钦佩，他们在当地和国际层面的政治明争暗斗中，坚强地挺过了一道道难关，而那每一次难关，都可能会将他们吞噬。有一张照片，是一个无生命体征的人躺在一辆手推车上，身上盖着一条潮湿的白床单，这张照片正阐明了我在图说中所阐述的："向社会之神献祭。"我们不禁会疑惑，这是一种牺牲抑或是自我牺牲？或者，接受，就像年轻的新娘那张。我们无法轻视那只蜥蜴和她洁白的婚纱形成的某种对比，那位新娘抱着一只蜥蜴，蜥蜴是朋友送给她的结婚礼物，在墨西哥的文化中，蜥蜴代表着满足。

**傅尔得：**在你的创作中，我们总能根据视觉的线索，感受到你那独

特的看待社会及事物的方式。在墨西哥拍摄《蟑螂》系列时，你是如何在千头万绪中清理出一条独特的拍摄思路的?

**彼得·雨果：**在创作这个系列时，我希望标题是用一个地道的墨西哥词汇来进行表达，当然，无论是在色调上，还是在概念和情感论述上，我都希望如此。因为这次是关于墨西哥的创作，所以我让天主教和《圣经》作为线索贯穿了整个作品，因为墨西哥各地本就都是如此。比如，我的影像里面就出现了荆棘与灌木。拿那张燃烧着的灌木来说，在《出埃及记》里面记载了摩西曾在一丛燃烧的灌木中听到了上帝的声音，这激励他去对抗埃及的法老，并以此带领以色列奴隶走出埃及，奔向自由。画面中燃烧的灌木类比了一种强烈的墨西哥主题，那便是上帝以燃烧这种暴力的方式来净化罪恶。

**傅尔得：**你曾反复引用过戴安·阿勃丝的观点，即一名艺术家必须让自己成为一个局外人。作为一名南非出生的艺术家，你除了在南非拍摄，更多的是在非洲其他地方拍摄，如从尼日利亚到卢旺达，再到加纳等，以及非洲之外的美国、中国、墨西哥等地方。对你来说，局外人身份是否曾给你带来过局限呢?

**彼得·雨果：**当然，局外人的身份限制了我，这并不是一个让人舒服的位置，因为当我在一群人中时，我常常是最孤独的，但这种局限是综合性的，它结合了政治、地理和文化等方面，当然，最主要的还是在精神方面的限制。

**傅尔得：**在《家族》(*KIN*)系列出来之前，你的作品都是以一个旁观者的审视视角，来呈现所拍摄的对象和议题。而在之后，就出现了一些有你个人及家人生活的照片，包括那张流传甚广的你和自己的小孩赤身裸体躺在床上的照片。我想知道，你个人在家庭中的角色变化，比如成为丈夫、父亲等，有影响你在创作中看待事物的视角和方式吗?

**彼得·雨果：**随着我第一个孩子的出生，我的创作的确发生了重大

的转变，我感到了一种要做更多的个人化和内省式创作的迫切需要。我与家人的关系，以及与我出生国家的关系，是令人难以置信的紧张和矛盾的。我想要弄清楚究竟是什么束缚着我，又是什么让我排斥他们，我试图来解决我对历史的责任。

**傅尔得：**在你青少年时期的20世纪90年代，你经历了南非在漫长的种族隔离制度之后的历史性社会巨变。经历了巨变前后的两种不同社会形态，这种社会的变化在构成及形塑你对世界的认识上，有何影响？

**彼得·雨果：**这让我对任何声称“真实”的历史版本都产生了怀疑。

**傅尔得：**到目前为止，在创作近二十年的过程中，你曾遇到过从业生涯的危机吗？

**彼得·雨果：**我一直都在经历危机，而每一个新项目对我而言都是一场危机。可以说，危机是我正常的存在状态，正如20年前一样，我照样对自己的新作品充满了怀疑和不确定。

·原载于《城市画报》杂志2020年4月刊，有改动

彼得·雨果（Pieter Hugo）

1976年出生于南非约翰内斯堡，现居开普敦，其作品通过摄影表达了阶级、身份、暴力和特权等问题。其作品曾于世界各地众多主要美术馆、博物馆展览，且被纽约现代艺术博物馆、大都会艺术博物馆、保罗盖蒂博物馆、V&A博物馆、蓬皮杜艺术中心、瑞士国立博物馆、FOAM摄影博物馆等机构收藏。主要代理画廊：纽约约西·米洛画廊（Yossi Milo）和南非开普敦史蒂文森画廊（STEVENSON Gallery）。

# 2

## 苏赫拉布·胡拉 | Sohrab Hura

## 日常印度的残酷暴力

作为印度第二位被提名为玛格南图片社成员的摄影师，苏赫拉布·胡拉的工作的确很忙碌，拿这篇访问来讲，就是在他密集前往不同地方工作的间隙中完成的。最近完成的《海岸》(*The Coast*)系列，苏赫拉布·胡拉并非要呈现印度海岸的自然景观，而是对隐藏在印度边缘群体日常生活中的残酷暴力进行挖掘，以此呈现这一人群的心理图景。

对于印度这个散发着浓郁的异国情调且有着深厚信仰的国度，我曾一度以为它是抵御全球化的一级战场。从印度旅行回来已有三年多了，但它的气息和味道仍在我的体内发酵，常常一觉醒来，还会觉得，恒河仍在我的阳台下，向下望去，忍受着磨难的朝拜者们将身体浸入水中，千年的庙宇在阳光中泛着土黄色的亚光，人们在河边往来嘈杂，牛和狗不停穿梭其间，河滩上十来堆架着死者的柴火同时燃烧着，黑烟飘荡。

印度的确散发着一股拯救灵魂的美，但你总觉得无法心安理得地去享受，那表象之下似乎潜藏着一股巨大的残酷力量。当你看见路口聚集的带长枪的警察，路上未清理的动物粪便，横冲直撞的三轮车，到处剥落的墙壁，以及底层人民毫无质量的生活时，隐隐的不安之感会常常袭上心头。而印度又是我见过的对照相最友善的国家，当相机对着他们的

《海岸》（*The Coast*）系列，© Sohrab Hura

时候，他们往往报以最真诚的微笑，而彼时，心头的不安又会被这些微笑抹去。

行走在印度的冲突感，在我看到苏赫拉布·胡拉的《海岸》时，似乎得到了释放。这个系列中，苏赫拉布·胡拉将日常生活的隐形暴力作为重点，他没有要去展现印度海岸线的人们及其生活，而是要通过海岸

《海岸》(*The Coast*)系列, © Sohrab Hura

所隐喻的边界和尽头，来勾勒出一张不可见的印度心理地图。

苏赫拉布·胡拉擅长将心理状态视觉化，这种对自身感受和周遭环境的敏感，可能来源于他的自身经历。1981年出生的苏赫拉布·胡拉，在德里大学念的是经济学专业，18岁时，苏赫拉布·胡拉的母亲被诊断出患有妄想型精神分裂症，于是，拍照成了苏赫拉布·胡拉排遣积压于心的无措的方式，直到2005年，苏赫拉布·胡拉开始认真地就一个主题进行拍摄时，将镜头对准了自己的母亲。

从2005年到2014年间，他拍了两个关于母亲的系列,《生活在别处》(*Life is Elsewhere*)讲述了他跟母亲之间的关系,《看，外面出太阳了！！！》(*Look It's Getting Sunny Outside!!!*)拍摄于母亲的精神状况好转时。在家中拍摄，对苏赫拉布·胡拉来讲并不容易，如何诚实地展现，是不容他逃避的问题。长达十年对准母亲的拍摄，不仅造就了苏赫拉布·胡拉对残酷生活的敏感，也成为他观照自己内心，自我缓解、疗愈的方式。

长期在家拍摄让苏赫拉布·胡拉处于精神紧绷状态，而到外面去拍摄，对苏赫拉布·胡拉来讲，则是喘了一口气。当在拍摄外部环境时，除了敏锐的感受力，有经济学背景的苏赫拉布·胡拉对印度民生问题有着宏观的把握，在理性了解印度的基础上，苏赫拉布·胡拉更能从人性的角度，去发现印度社会的诸多灰色地带和日常生活中的残酷暴力。

在印度旅行时，曾到达过印度南部的黎明之城奥罗维尔(Auroville)，记得放下行李后，便立即去了海边。风景很美，空气中却飘荡着一股无法消散的类似死鱼的咸腥味，而苏赫拉布·胡拉的《海岸》，将那早已被生活埋藏的进攻性味道，一下子从我的记忆中打捞了出来。

## 访　谈

**傅尔得：**能说说你自己吗，好像并非摄影科班出身，是怎么开始摄影的呢？又是什么时候或是谁促使你想要成为一名职业摄影师的？

**苏赫拉布·胡拉：**的确，我学的不是摄影，我拿的是经济学硕士的学位，摄影完全是自学的。老实说，摄影并不在我的人生计划之中，在我母亲的病情二次复发进了医院之后，我非常崩溃，于是我父亲给了我一台照相机，把我送到了山里。结果我拍了很多日出、日落还有山的类似明信片的风景照，那些照片我现在看来会尴尬得要死。但拍的过程让我很快乐，觉得自己还有点价值，我已经好久没有这种感觉了，于是，拍照成了我的生活。我不像是职业摄影师，对成为职业摄影师也不感兴趣。对我来讲，重要的是，我正在做的和正在拍的，能将我带到自己无法抵达的生命深度。

《海岸》（*The Coast*）系列，© Sohrab Hura

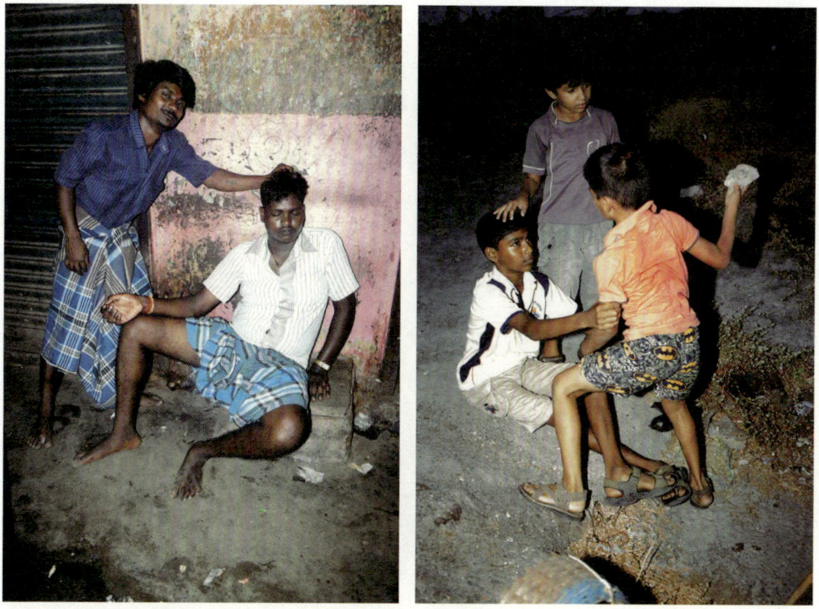

《海岸》(*The Coast*)系列，© Sohrab Hura

**傅尔得：** 你怎么开始对拍海岸感兴趣的？又是怎么开始了《海岸》这个系列的？

**苏赫拉布·胡拉：** 关于怎么开始，如果说我有一个很直接的答案给你，那肯定是骗人的。一直以来，我都能感受到生活周遭越来越多的暴力，这常让我焦躁不安。这暴力，不仅仅是我们平日所目睹到的，还有渗进了生活中小事情的细节里的，如我们的身体语言，或我们跟人说话时的语调等，就是这些事情和感觉加在一起，成了《海岸》系列。如果从回顾拍摄过程来分析的话，我觉得拍摄融合了直觉和有意识的思考。当我渐渐开始有了一个大致的想法，比如要拍什么，意图是什么时，会发现在想法清晰前拍的照片更直观和从于内心，我喜欢凭感受去拍。而一旦某种形式开始成形，我会下意识地用这种方式拍下去。在《海岸》系

列中，我用印度海岸的地图将照片串联起来，而说到海岸，人们往往会联想到田园般的、令人放松和让人平静的感觉，但是，我很确定就像冰山行进般，平静的海岸也一定存在暗流，就像暴力在印度的存在一样。我更感兴趣的是“海岸”所隐喻的边缘、尽头、边界等概念，这个系列中，我想要在可视化的印度海岸线景观中，勾勒出一张印度的隐形心理地图来。

**傅尔得：**你用自己写的一个故事作为这个系列的阐释？为什么会采用这种叙事方式，我很好奇是先有故事再来拍摄，还是你拍了之后再来写的故事？

《海岸》（*The Coast*）系列，© Sohrab Hura

**苏赫拉布·胡拉**：我挺喜欢写点东西，从很多方面来讲，它带给我的乐趣甚至比拍照还多，尽管我还不是一个很好的写作者。但我觉得写作能帮我看到照片无法揭示的生活中的隐形层面。写作可以让我行走在虚构和非虚构之间，更重要的是，这有助于我在拍摄中对夸张和荒谬等重要元素的表现。就这个系列来讲，是先有照片，然后我根据所拍的照片，将不同层面发生的故事杂糅起来，再编成一个故事。

**傅尔得**：在你所写的故事中，那个头被别人偷走的女人，以及从笼中逃离的乌鸦等，都是某种隐喻吗？你的个人经历是否也是这个系列的灵感来源之一呢？

**苏赫拉布·胡拉**：那个女人只是我创造的一个角色，我试图将其作为一个普通的人物形象来创造和对待，她能有助于故事其他部分的开展。故事中的生活是残酷和暴力的，在这个系列中也有性暴力，因为偷窃者对这个女人着迷却又无法拥有她，就偷走了她的头，这样至少可以拥有她身体的一部分，但结果却让那个女人处于无助之中。她想买一只鹦鹉来做伴，买来后训练跟她说话，以排遣孤单。但她又是一个迷信的人，信了一个算命先生的话，算命先生卖给她一只乌鸦，还告诉她那是一只嗓子坏掉的鹦鹉。我只是要拿这个故事，来放大一种荒谬性，暗示人生中需要处理很多的麻烦事。

**傅尔得**：你怎么看待拍摄项目和视觉语言之间的关系，或者说，你如何看待视觉表达和拍摄意图之间的关系？

**苏赫拉布·胡拉**：这种关系对我来讲非常重要，我并不太在意风格或审美，对我来讲，那都是增加作品敏感度的元素。采用相同的美学，除了机械性的重复，什么都不是，而用不同的视觉语言，有助于我在创作中控制节奏和强度。在《海岸》系列中，我想要表现出一种进攻性的、残忍的感觉，同时还要呈现某种幽默感，这就是我为什么采用这种视觉语言的原因。

**傅尔得：**你之前拍过一个在印度中央邦（Madhya Pradesh）的系列，那个系列中你拍了很多静物照，而在《海岸》系列中，你采用的是快照风格。你是要在不同的系列中呈现你对印度的不同情结吗？

**苏赫拉布·胡拉：**正如我刚才说的，在中央邦拍的照片，我希望呈现出一种柔软的、温柔的和步调缓慢的感觉，这也是为什么两个系列的风格会不一样的原因。因为这个系列是在印度夏天最热的地方之一拍的，我想要让画面像是进入了另一个空间，那里的温度能达到50摄氏度，有时甚至会更高。而我处理炎热的唯一方法，是进入一种缓慢的状态，仿佛我进入了一座海市蜃楼。

**傅尔得：**在拍《海岸》系列时，你将自己放在一个什么位置？在拍摄时，你会跟你拍摄的那些人或动物亲近吗？

**苏赫拉布·胡拉：**这方面我没有预设的原则。我只想确保画面的进攻性和残忍感，有时我觉得要做到这点，唯一的方法便是不进入他们的生活，但这并不意味着我对他们有冒犯或是造成了他们的不便。只是我有意识地不想陷入某种思维框架，不想因为自我的预设，而在视觉表现上成为同情者，也不想因为自身的压力，将所有的细节都拍下来，那样只会让画面很杂乱。《海岸》系列并不是关于海岸线的人们或他们的生活，而是我试图去创造和寻找尽可能原始的心理景观。因此，那些短暂而激烈的突发相遇时刻对我来讲是重要的。我最不情愿的，就是在这过程中引起麻烦，或者对别人造成麻烦，在这点上，我很注意。

**傅尔得：**无论是关于你母亲的两个系列，还是关于海岸的系列，你的画面都呈现一种即刻感，且非常有力量，这股力量来自哪里？

**苏赫拉布·胡拉：**其实，从一个拍摄者的角度来讲，我很难说自己的作品是否有力度，我想旁观者可能会更有资格评论这一点。当我一开始拍我母亲的时候，我觉得要去保护某种东西，那些照片似乎并不在于她而是在于我自己，可能因为她是我妈，我并不想别人去评判她。大约

十年左右的时间，我一直都在这种困境中挣扎，我尝试着去剥离那些保护层，将影像变得尽可能地直接。在这个过程中，我陷入一种越来越脆弱的境地，但这的确是让我的作品真诚的唯一方法。一般来讲，家庭照或其他关于家庭的照片，最后都会变成某种宣传照，隐藏生活中最不堪的一面，而以最好的一面来呈现。当我开始对这种做法感到不舒服时，便挣扎着放开这种本能的保护，让脆弱的一面显露出来，去让画面尽可

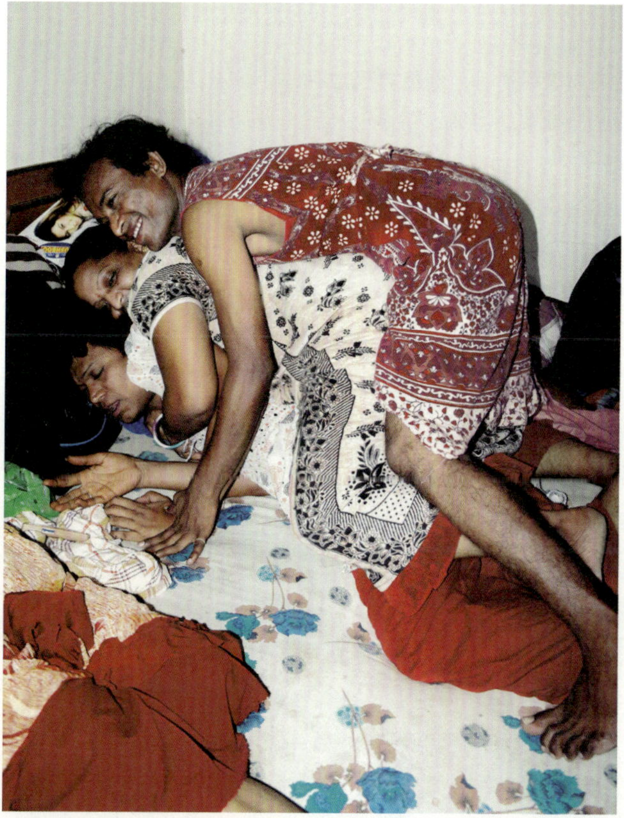

《海岸》（*The Coast*）系列，© Sohrab Hura

能的直接。在《海岸》系列中，我也试着让作品尽可能地直接。

**傅尔得：**你为什么用闪光灯，是为了突出主体，还是为了其他什么？

**苏赫拉布·胡拉：**只是为了加强进攻性、残忍感和直接性。

**傅尔得：**你的作品中似乎都呈现了人类的精神状态，你怎么看待这种存在？

**苏赫拉布·胡拉：**比起精神方面的疾病，我更关注的是人们的心理状态，这是一种人们可以在外表上呈现出来的状态。而摄影、写作、视频或声音等，都能成为弥合人们心中间隙的桥梁。

**傅尔得：**你对生活残酷的印度贫穷地区的故事很感兴趣，能说说有什么吸引你吗？

**苏赫拉布·胡拉：**过去的一些年，我跟印度的农村有着不同的关系。当我刚获得经济学学位时，我更关注的是这些地方的社会因素，包括很多需要解决的当代议题，特别是在就业和民生方面。但是，随着这些年越来越深入的了解，我意识到当我22岁开始拍照时对那些地方的观看，虽然有政治意识，但还是太幼稚了，没想到社会比我想象中的还要灰暗。因此，当我多年后重返那些地方，我有意识地要更多地从人性而不是政治的角度来看问题。我觉得自己早前的拍摄，只是接触到了一群对那些议题感兴趣的观众，但同时，我也压抑了对这些议题有不同政治倾向的潜在观众，现在我试图去弥合这个差距。当我再次尝试的时候，就是要去拍那些无形和隐形的事物，这也是我为什么要去拍印度中部最热地方的夏天的原因。现在想来，我更感兴趣的是作为个体，多年来拍摄同一个景观，我是如何质疑其政治、进化和改变，以及在这过程中给自己不同定位的。印度农村是一些要么政治负担过重，要么不切实际，再者就是只顾异国情调的地方。我要将用不同方法对同一个地方的社会景观的观看，以及在这个过程中我个人的经历，在画面中同时

呈现。

**傅尔得：**你是第二个被玛格南图片社提名的印度人，我很好奇你怎么看待玛格南这个品牌？

**苏赫拉布·胡拉：**我一直都认为玛格南很好。成为其中一员，肯定有助于我打破原先的种种限制，在当今这个摄影作品和摄影师泛滥的世界，玛格南是一个能帮我持续职业生涯的平台。但是，玛格南并不是我生活和工作的全部，我不仅对其他媒介比如写作、电影、声音等感兴趣，而且希望能探索摄影本身的各种形式。虽然其中的一些成员可能会跟我单独联系，但我的有些工作也不一定在玛格南这个机构的范畴内。例如，在2017年11月开始的上海双年展中，将有我拍的一个关于印度的短片的展示，我希望人们在看到照片的时候还能同时听到它们，那由照片做成的短片，我加入了一些配音，搭配在我给自己设计的展场空间来播放。我很高兴能用摄影进行这样的尝试，也很高兴能独立完成这些。但话说回来，玛格南对我来讲非常重要，它能协助我完成多样尝试前的基础性拍摄。

·原载于《城市画报》杂志2017年5月刊，有改动

苏赫拉布·胡拉（Sohrab Hura）

1981年出生于印度西孟加拉邦的小镇苏拉，德里经济学院经济硕士毕业，目前工作、生活于新德里。2014年被提名为玛格南图片社的一员。独立出版过“甜蜜生活”（Sweet Life）三部曲：《生活在别处》（2015年）、《出发的建议》（*A Proposition for Departure*）（2017年）以及《看！外面出太阳了！！！》（2018年）。其摄影书《海岸》（*The Coast*），于2019年11月被巴黎摄影节—光圈基金会摄影书奖（Paris Photo-Aperture Foundation PhotoBook Awards）授予“年度摄影书奖”。2020年，入选纽约现代艺术博物馆（MOMA）“同伴作品：2020年新摄影”（Companion Pieces）群展。

# 3

## 马克斯·平克斯 | Max Pinckers

## “后真相”时代，立场优先于真相

相对于追求过时的客观性和真实性的传统纪实摄影，出生于1988年的马克斯·平克斯，正以其多部具有代表性的作品，成为彰显纪实摄影新观点的中坚代表。事实的真相不再是重心，马克斯·平克斯更关心要以怎样的结构和叙事，来架构起一个故事，表达出一个观点。

我们可以看看马克斯·平克斯做过的一些纪实摄影作品：《荷花》（*Lotus*，2011）系列，以人为的在场拍摄和对照片档案式的处理，区别了传统意义上被纪实摄影所青睐的泰国变性人这一流行题材的拍摄。《第四面墙》（*The Fourth Wall*，2012）系列，以纪实摄影加上表演式的操纵，将虚构的世界渗透进现实中，探讨了宝莱坞对印度社会的广泛影响。《他们会像雨滴一样歌唱或留下我一人口渴》（*Will They Sing Like Raindrops or Leave Me Thirsty*，2014）系列，是讲那些从印度种姓制度、包办婚姻中逃离出来的追求自由爱情的男女的故事，但马克斯·平克斯没有强调纪实元素，而是通过档案、报纸、表演等虚实之间的交织碰撞，隐喻那些置于危险中的男女命运的处境。拍摄于日本的《两种记忆和记忆本身》（*Two Kinds of Memory and Memory Itself*，2015）系列，以对画面的控制和放任之间的平衡，表达了外界对日本的刻板印

《红墨水》（*Red Ink*）系列 ©2018 Max Pinckers

象，探讨了西方对日本的文化和观念的脱节。《多余的边缘》(*Margins of Excess*，2018)系列，则以采访、新闻报道、档案镜头和摆拍等形式，架构了曾发生在美国且引起过媒体轰动的六个小人物的故事，传达出媒体和更客观的纪实摄影无法传达的主观现实。

由此，我们一再感知到，马克斯·平克斯并不在乎一张照片在现场、当下的决定性瞬间或真假，而是倾注精力于照片何以让人感到真实及其背后的原因。他让我们一再思考如何在摄影中感知现实，以及观点如何通过摄影被铺陈和推进。

时代已然发生了很大的变化，纪实摄影无法再仅以价值中立和事实原则，来说服人们沿袭过去对饥荒、艾滋、战争、环保等一系列题材的认识和判断了。在技术、权力深度介入的大数据时代，支撑真相的原有基础正在逐渐崩溃，真相变得面目可憎，无论从美国大选还是从英国脱欧，都一再表明了当下的现实：人们对事情事实的判断，已从真相优先于立场，转变为立场优先于真相。

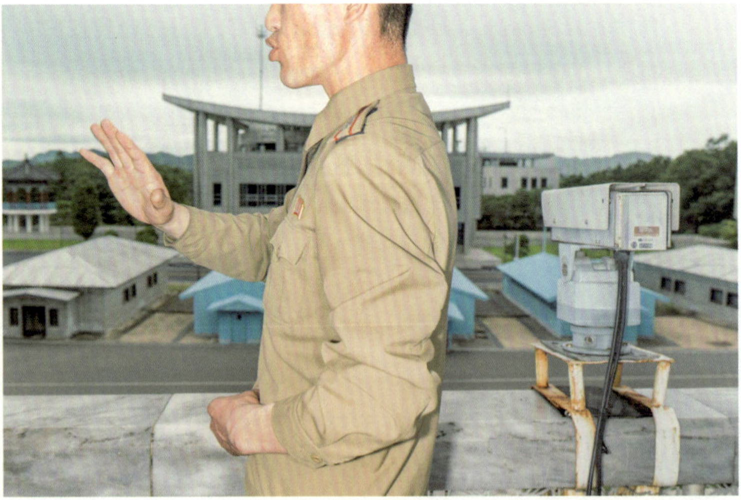

《红墨水》(*Red Ink*)系列 © 2018 Max Pinckers

2016年，“后真相”（post-truth）一词被《牛津英语词典》选为年度词汇，它被如此定义：“诉诸情感及个人信念，较陈述客观事实，更能影响舆论的情况。”由此，真相成了一个相对性的词汇，比事实更深刻影响人们的，是人们已有的政治立场、价值观、哲学观念、权利意识，以及其对自身及这个世界的重新认识。

真相变得日益复杂起来，它不能继续像过去那样被简单、直接地呈现。因此，基于真相的纪实摄影，也无法继续拥抱世界表面所呈现给我们的一切。正是如此，马克斯·平克斯才运用不同的方法，如同针线般穿梭于真实和虚构之间，编织出他对事实的感知和观点。正如后真相时代所彰显的，相信与否，观点所在，才是决定某个事实被采用，以及如何被采用的关键。

马克斯·平克斯的实践，为我们理解纪实摄影在后真相时代的角色提供了丰富的样本。而对绝对真相的消解，并非在近几年才从天而降。已故法国社会学家、哲学家让·鲍德里亚（Jean Baudrillard，1929—2007），早在几十年前，便经由对消费社会的批判性分析与研究，建构了“去物质化”和“去真实”等理论。特别是其于1981年出版的《拟像与仿真》（*Simulacra and Simulation*）一书，提出了世界仅仅由没有真实根据、仅仅自我指涉的“拟像”所构成的“超真实”概念。自那之后，“超真实”的概念便影响世界至深，可见，鲍德里亚等人的多年耕耘，为由真相到后真相时代的过渡，提供了坚实的理论基础。

马克斯·平克斯在其纪实摄影项目中所呈现的，是其以批判性的眼光，将事实、观点等经过一定手段的架构和处理之后，被再现的真相。无论纪实摄影发生着怎么样的转变，经由马克斯·平克斯，我们也知道，对纪实摄影的理解需要重新调整。马克斯·平克斯告诉我们，纪实摄影不再只是对真相的证明，而更多了一份责任：提出观点、引发问题，由此引导观者进行思考，从而接受某种事实。

《红墨水》(*Red Ink*)系列 © 2018 Max Pinckers

## 访　谈

**傅尔得：**1948年出版的《俄国纪行》（*A Russian Journal*）一书，是作家约翰·斯坦贝克（John Steinbeck）和摄影记者罗伯特·卡帕（Robert Capa）在冷战初期行走苏联的共同见证记录。在那之后约70年的2017年，你和记者欧逸文（Evan Osnos）受《纽约客》杂志之邀，前往朝鲜进行采访，而当时正值美朝关系加剧紧张的时期。这两趟行程看来像是历史的某种巧合，但是，当下的纪实摄影跟卡帕时代的相比，已大不相同。你怎么定义纪实摄影？你又是怎么看待传统纪实摄影的呢？而你的作品又是如何从传统纪实摄影发展演进而来的？

**马克斯·平克斯：**在这种情况下，重要的是要明确区分新闻摄影和纪实摄影。"纪录片"一词第一次出现在英语中（因为它最初来自法语）是由约翰·格里尔逊（John Grierson）提出的，他试图将纪录片定义为"对现实的创造性处理"，这与在早期先驱者之后的纪录片发展方式有着惊人的不同。所以你可以说，一开始，纪实作品是非常实验性、主观且诗意的，但这概念仍然非常模糊。这只是处理现实的一种方式，也即将其转换成一种主观的形式。但随着时间的推移，纪录片在概念上成了新闻摄影的同义词。而新闻摄影不同于纪录片，因为在涉及表现现实时，新闻摄影没有自我反省或批判媒体局限性的空间，新闻摄影也常常是由公司或机构委托拍摄的，而纪录片项目则大多出于个人动机或由独立资金支持。因此，摄影记者及其创造的图像，本质上是利用图像是生产和传播的形象经济这一性质，不能在不损害自身利益的情况下反思自己的权力结构。而纪实型的人则专注于批判性地质疑这些权力结构，并将其运用到作品中。斯坦贝克和卡帕当初在苏联旅行时，新闻摄影还没有达到黄金时代，进入黄金时代是在那之后十几年的事，但它在很大程度上仍是一种记录社会现实的新方法。在那个时代，新闻摄影提供了一种令人耳目一新的现实视角，它仍然具有说服人们改变现状的力量和影响力。在我看来，19世纪赋予摄影的功能到现在已经过时了。《红墨水》

《红墨水》（*Red Ink*）系列 © 2018 Max Pinckers

《红墨水》(*Red Ink*)系列 © 2018 Max Pinckers

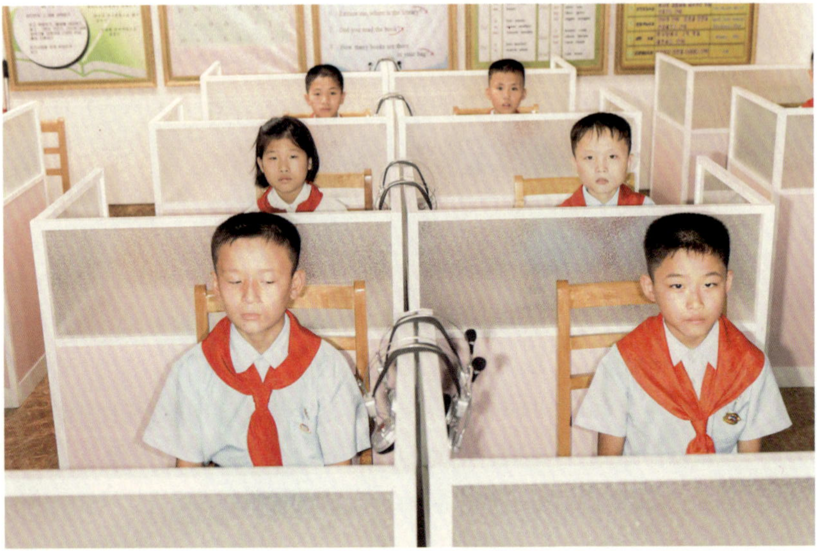

《红墨水》（*Red Ink*）系列 © 2018 Max Pinckers

系列在我的所有作品中是很特别的，因为它是《纽约客》杂志委托拍摄的一个新闻摄影项目，历时只有四天，而我通常从事的是长期独立的纪实摄影项目。它与我之前作品的不同之处在于，通常，当我在做纪实摄影项目的时候，我会使用不同的方法来进行编排和处理，我总是在事物的真实和虚构之间，或者它们的重叠处，寻找一个灰色地带，而通常，我会在某些情况下进行干预，比如当场搭建一些实物等，但在《红墨水》系列中，情况则完全相反，我只是个参观者，只能拍下我所看到的一切。我的拍摄方式，使用的是与广告或宣传相关的美学，一切都好到令人难以置信，灯光很好，看起来还有点像时尚片。我不需要在任何情况下进行干预，因为“建构性”的概念已经存在，这让观者质疑照片的真实性和操控性。

**傅尔得：**你为什么将这个系列取名为“红墨水”？

**马克斯・平克斯：**这个系列的标题，其实是参考了斯洛文尼亚哲学家齐泽克（Slavoj Žižek，1949— ）的一本书《欢迎来到实在界这个大荒漠》（*Welcome to the Desert of the Real*，2002），一打开书，就会看到第一段写着：“在先前的德意志民主共和国，流传着一个老笑话。它说的是，一个德国劳工在西伯利亚觅得一份工作。他知道，从那里写信回国，必定无法绕过审查官的法眼，于是与朋友约定：‘我们建立一套密码：如果我写给你的信是用普通蓝墨水写的，那我信上说的一些都是真的；如果是用红墨水写的，那就是假的。’一个月后，朋友收到了他的第一封来信。信是用蓝墨水写的：‘这里的一切都奇妙无比：商品琳琅满目，食品极其丰富，公寓不仅宽敞，暖气也很充足，电影院里放映的全是西方大片，还有很多漂亮女孩，可与她们眉来眼去。只有一样不

《红墨水》（*Red Ink*）系列 © 2018 Max Pinckers

好——红墨水缺货。'”

**傅尔得：**为什么将闪光灯作为你朝鲜项目中最重要的元素？你闪光灯的锂电池似乎在进入朝鲜之前就被没收了。你是一开始就打算要用闪光灯吗？在为期四天的拍摄中，基于电池被没收的情况，你做了哪些拍摄上的调整呢？

**马克斯·平克斯：**我一直使用人造光源和闪光灯，但总会随着主题和故事的不同而稍作调整。在这项工作中，我打算用之前没使用过的环形闪光灯，这是出于现实考虑，因为一切都必须快速进行，我既没有时间打光，也无法控制现场的情况，而环形闪光灯给了我能够非常快速、高效地照亮一切的自由。另外，环形闪光灯的光线很匀称，照片最后可以呈现出一致性。我“发明”了一个临时制作的闪光系统：一个用两个便携式小闪光灯组成的环形闪光灯，我用胶带、电线和支架把它们连接到我的相机上，这种解决方案产生了一种类似环形闪光灯可以呈现的光，虽然有些不同，但我觉得效果更好。

**傅尔得：**你如何看待事实和虚构？在你看来，当代纪实摄影的核心要素是什么？而你如何看待当前的“后真相”时代？

**马克斯·平克斯：**对于我来说，纪实摄影最重要的元素就是它的不确定性。纪实摄影目前处境艰难，尤其是在当今“后真相”和“假新闻”的时代。我们生活在一个超个人主义和混乱的时代，在这个时代，我们与现实的关系变得更加流动、虚拟和脱节，纪实摄影不能提供一个解决方案，它只是一种介于事实和虚构之间，或介于现实主义和建构主义之间的模式，它时常受与之相伴随的格式化知识、实用主义和工具性建构的损害。它不只关于创作过程或成品，也包括很多方面，如形式、美学和信息的呈现构造，以及它所支持的结构等。纪实摄影有将反身性与伦理立场结合的倾向，在这里，责任的问题被扩展到许多不同的层面，其中的主要关键点不仅是作者的立场，而且还包括真理的一般概念、来源

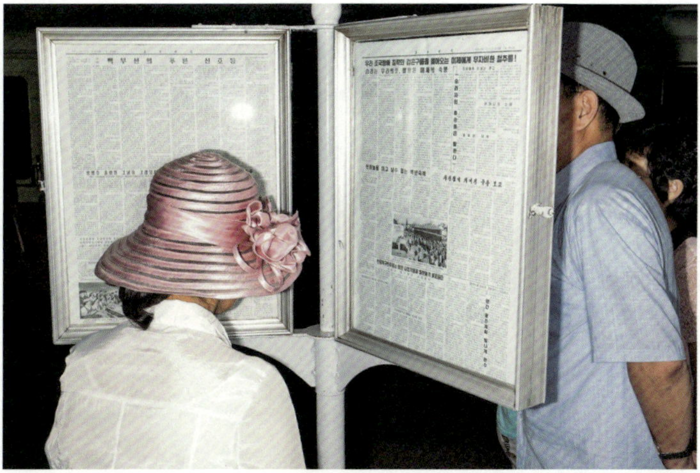

《红墨水》(*Red Ink*)系列 © 2018 Max Pinckers

和参考的有效性、拍摄对象之间的关系和表现方式、美学政治因素、当代视觉景观的变化、过度格式化和意识形态化的新闻媒体，等等。纪实摄影立即融到了一个更大的语境框架中，成为其中的一部分，成为某种机制的一部分，意在为独立于作品之外的东西做出贡献和影响。但让我们面对现实吧：我们越是试图找出纪实摄影的真正本质，就越无法理解它，这就是为什么保持批判性和自我反思，并接受纪实摄影所固有的怀疑和不确定性是如此重要的原因。

**傅尔得：**回顾你的纪实摄影之路，在发展自己独特表达方式的过程中，要与之斗争的最重要的东西是什么？

**马克斯·平克斯：**电影制片人亚当·柯蒂斯(Adam Curtis)认为，作为纪录片制作人，我们的任务是对现实如何被描绘的共识和公认的观念持批判态度，并不断发现新的现实主义形式。每个时代都有一种向大众报告现实的方法，就像绘画在中世纪一样。这不是关于现实是否存

在，而是关于观众是否同意你的观点，你向他们展示的是代表现实的诚实尝试，还是反思这种尝试的尴尬。我们今天所谓的现实主义从根本上诞生于一个政治时代，在这个时代，人们相信政治不仅能够理解世界，而且能够改变它，纪录片就是从这种政治理想中诞生的。在当今世界，这种公认的现实主义框架已经恶化到对什么是真实的、什么是虚构的、半真实的，或一些观点等，都已经没有普遍共识的程度。随着超个人主义成为我们这个时代的中心意识形态，人们已不再相信那些只告诉他们事实的指手画脚的纪录片，或许以前是，但现在不是了。观众知道，或者说感觉到，纪录片的制作者，就像政客一样，和其他人一样，其实并不十分清楚到底发生了什么。我们的工作，是在分析的基础上批判性地质疑这个时代的个人主义，并试图定义一个我们都能认同的新的现实主

《红墨水》(*Red Ink*)系列 © 2018 Max Pinckers

义框架。

**傅尔得：**我了解到你是在亚洲长大的，而你的一些最重要的作品也是在亚洲的不同国家完成的，尤其是在印度。你的童年、家庭、教育和成长情况如何？是什么促使你走上了纪实摄影这条路？你最初是如何看待摄影这种媒介的？现在你还这么看吗？

**马克斯·平克斯：**我生长在一个艺术世家，父亲是一名摄影师，母亲是一名记者，我是在这样的环境中长大的。直到18岁前，我都在亚洲，不过在那之前，我也搬到不同的地方住过。但是，当搬回到我出生的比利时后，我想和那里的朋友们重新建立联系，当时他们大都在艺术学院，如在根特艺术学院的美术皇家学院上学，他们在做各种各样的事情，比如电影制作、新媒体、绘画和动画等，我决定加入他们，便去学了摄影，而这背后也没有什么浪漫的故事。我的第一批实验是Lomo摄影和其他模拟实验，比如，我会拍完一个胶卷后，再把它寄到世界的另一边，让别人继续在上面拍，那很有趣。在学院的几年里，我很快就开始思考和研究纪实摄影，直到今天，我还在同一所学校攻读艺术博士学位。我反对人们普遍接受的纪实摄影所代表的信念，它通常是客观事实、真理主张以及权力和权威的立场。我不会说我要试图破坏它，但我确实试图质疑它、批判性地看待它。我的每一件作品都围绕着一个特定的主题，如一些真实的、现实的、当代的，发生在现实中的东西。但与此同时，我试图质疑报道它的语言和媒介，所以，为了这个目的，我的每个系列都在尝试着不同策略。例如，在《荷花》系列中，我着重思考了将美学应用于纪实摄影的原因，为什么一幅画总是要很漂亮或者构图很好？为什么它必须光线充足，或者看起来像一幅画，而实际上你只是想表达一些关于题材的东西？

**傅尔得：**似乎齐泽克对你产生了很大的影响，什么样的参考或影响塑造了你在不同时期对摄影的理解？是有一本具体的书，或者是有哪些

激发过你灵感的艺术家吗?

**马克斯·平克斯:**多年来，我受到了许多艺术家、作家、哲学家和理论家的影响，其中一些真正让我印象深刻，他们是亚当·柯蒂斯(Adam Curtis)、约翰·格里蒙普莱(Johan Grimonprez)、贝托尔特·布莱希特(Bertolt Brecht)、杰夫·沃尔(Jeff Wall)、菲利普-洛尔卡·迪科尔西亚(Philip-Lorca diCorcia)、T.J.德莫斯(T.J. Demos)、弗朗西斯·埃利斯(Francis Alÿs)、伦佐·马滕斯(Renzo Martens)、佩德罗·科斯塔(Pedro Costa)、詹姆斯·特瑞尔(James Turell)、郑曦然(Ian Cheng)、阿瑞拉·阿祖雷(Ariella Azoulay)、约书亚·奥本海默(Joshua Oppenheimer)、希朵·史戴尔(Hito Steyerl)、艾伦·塞库拉(Alan Sekula)、迈克尔·海泽(Michael Heizer)、泰伦·西蒙(Taryn Simon)、德克·布雷克曼(Dirk Braeckman)、勒内·马格里特(René Magritte)、沃尔夫冈·提尔曼斯(Wolfgang Tillmans)、亚当·布鲁姆伯格与奥利弗·沙纳兰(Adam Broomberg & Oliver Chanarin)、阿尔弗雷多·贾尔(Alfredo Jaar)、托马斯·迪曼德(Thomas Demand)、鲍里斯·米哈伊洛夫(Boris Mikhailov)、音乐人威廉·伊曼纽尔(William Emmanuel Bevan)、佩索阿(Fernando Pessoa)、博尔赫斯(Jorge Luis Borges),等等。

·原载于《城市画报》杂志2020年9月刊，有改动

马克斯·平克斯(Max Pinckers)

1988年出生于比利时，纪实摄影师，大学本科、研究生均毕业于比利时根特皇家美术学院摄影专业，目前为该校的在读博士研究生及讲师。2015年到2017年，他是玛格南图片社的提名成员。其作品曾获得多个国际奖项，如2015年的卢森堡爱德华·斯泰肯奖(Laureate, Edward Steichen Award, Luxembourg)和2018年的莱卡·奥斯卡·巴纳克奖(Winner, Leica Oskar Barnack Award, Berlin, Germany)。2015年，他创办了独立出版社七弦琴出版社(Lyre Press)。

# 4

## 迪伦与保罗 | Dylan Hausthor & Paul Guilmoth

## 美国东北森林中的黑色童话

五年前，迪伦·豪斯索尔和保罗·吉尔摩（Dylan Hausthor & Paul Guilmoth）一起抵达了美国东北角缅因州卡斯科湾偏远的山峰岛（Peak Island），在上面租了间房子后，就在那个被他们所形容的寒冷住所里，展开了与世隔绝的新生活。虽然他们后来搬离了那个小岛，但其在岛上的创作《沉睡的小溪》（*Sleep Creek*），则在2019年冬天，由希腊雅典的独立出版社VOID（虚空）出版。而这本摄影书甫一问世，便被摄影界内诸多名家、评论家、媒体等列入了2019年的各大年度最佳摄影书的推荐榜单之中。

《沉睡的小溪》是基于美国新英格兰地区的怪诞传说或神话，以复杂多层的影像来进行叙事的一部虚实交织的作品。这个大多在傍晚和黑夜拍摄的作品，以其怪异的氛围和松散的叙事，以一种交织着原始、暴力、悲伤的基调和宏大的时间轴，呈现出一个历史与现实交融的黑色童话。

画面中所不断呈现的美丽与邪恶的矛盾感、虚构与现实的模糊性，都将传统摄影的属性和原则一一打破，使得这个黑色童话的时间和空间都被扩大和模糊，它变成了既是关于美国东北角新英格兰地区的，也是

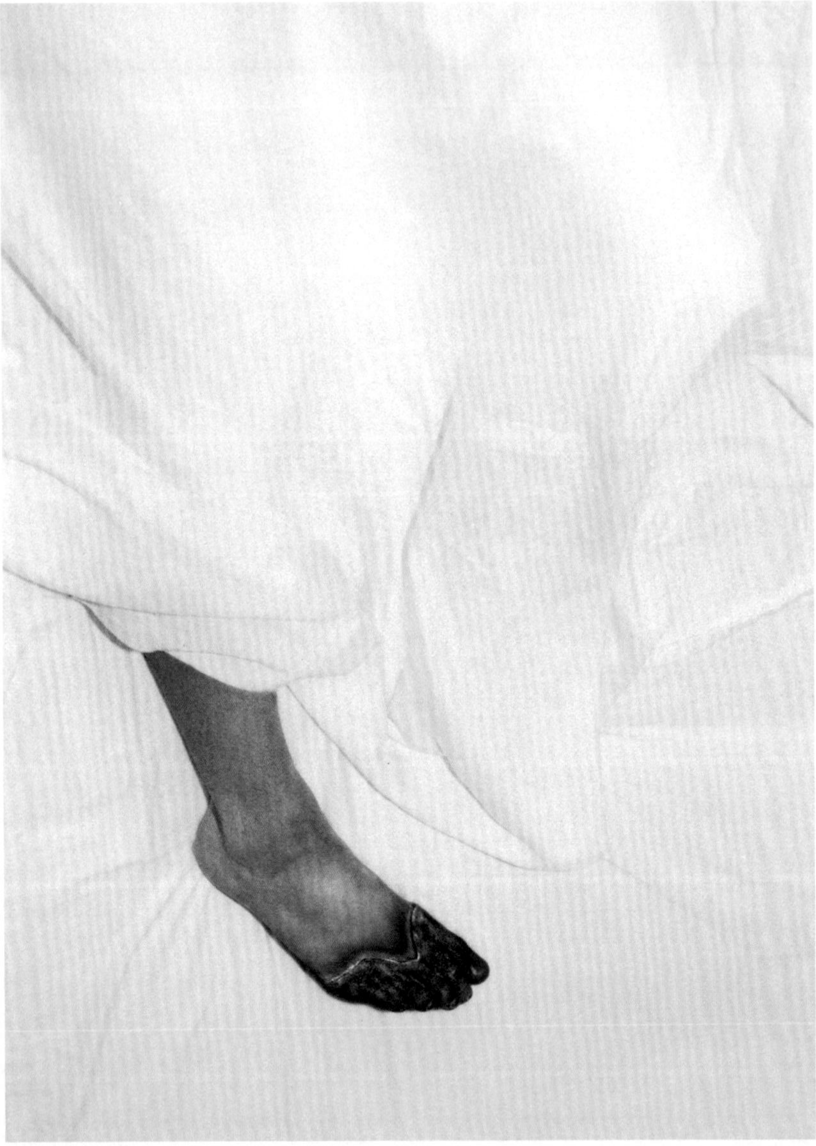

《冻伤》，《沉睡的小溪》系列；© Dylan Hausthor & Paul Guilmoth

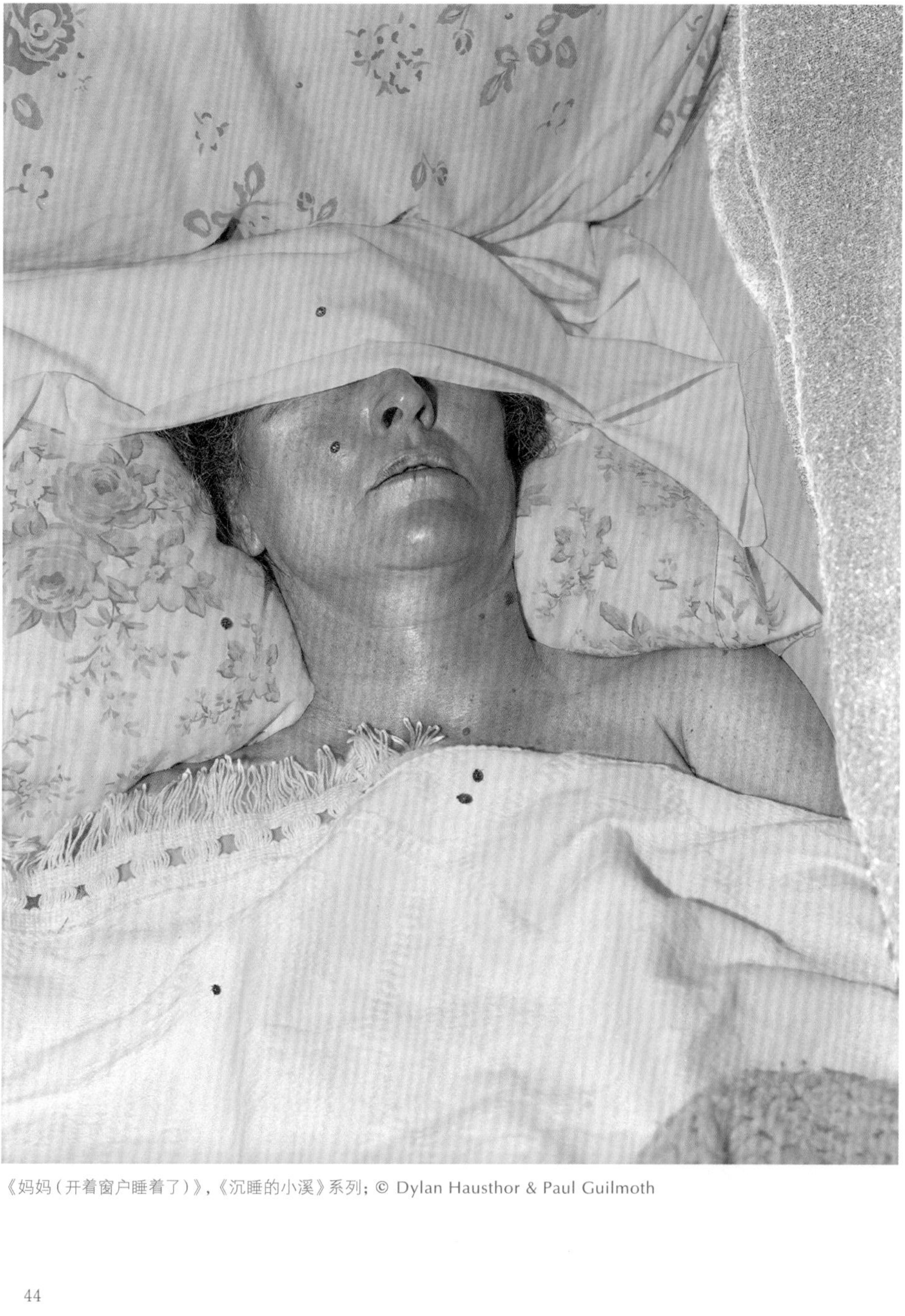

《妈妈（开着窗户睡着了）》，《沉睡的小溪》系列；© Dylan Hausthor & Paul Guilmoth

《夜间草地》，《沉睡的小溪》系列；© Dylan Hausthor & Paul Guilmoth

《谷仓》，《沉睡的小溪》系列；© Dylan Hausthor & Paul Guilmoth

《迈克尔》,《沉睡的小溪》系列; © Dylan Hausthor & Paul Guilmoth

关于整个美国的，更是关于人类与自然、地域、历史、现实等关系的故事与传说。

对于大学毕业没几年且都正值二十几岁年纪的创作二人组迪伦·豪斯索尔和保罗·吉尔摩来说，他们正以其愈发神秘和模糊倾向的作品，成为美国摄影新力量的生力军。

这股新力量与之前的摄影表现的最大不同，体现在他们基本上抛弃了把摄影与记录画等号的想法，从而表现出视觉上的高度主观性。也就是说，他们的作品中现实与虚构之间的界限不仅不再明显，而且更加模糊甚或不存在。

关于记录和反映美国的摄影的变化，得从罗伯特·弗兰克（Robert Frank）在20世纪50年代开创的主观纪实开始算起，到2000年前后60后摄影师埃里克·索斯（Alec Soth）拍摄《沉睡在密西西比河畔》时，视觉上就已变得非常抽离和诗意，虽然他也在主观上以不可忽略的线索反映了美国的历史和现状。而2018年被提名为玛格南图片社成员的70后摄影师格雷戈里·哈尔彭（Gregory Halpern），其探索加州现状的摄影书《宰兹克斯》（*ZZYZX*）在2016年出版后，便在摄影界引起轰动，并持久地被公认和追捧，与埃里克·索斯的诗意文学性不同，格雷戈里·哈尔彭将其作品中的人物与环境等以小说的结构进行了编排，他的视觉无论在冲突还是在美丑上，都比真实世界来得更为激烈。再看看80后的创作者柯伦·哈特伯特（Curran Hatleberg），他游走美国各地所拍的作品，在展现了纪实摄影和肖像摄影的传统之余，同样更加杂糅了虚构与现实的界限，展现了一种经过建构的魔幻现实。而对于90后的迪伦·豪斯索尔和保罗·吉尔摩而言，他们同样更在乎观者的主观体验，《沉睡的小溪》以神话和小说的视觉建构，将抒情的叙事和对自然与神话的探索结合在了一起，这为观众提供了一种情绪和基调，使得观者在其作品的多面性和矛盾感中，仿佛被抛入了时代的缝隙深处，或是掉进了一个既美丽又邪恶的梦境之中。

作为正在变化中的美国摄影新力量，迪伦和保罗更进一步打破了虚构与现实之间的界限，不再将岛屿看作被记录的对象，而是将其作为构建一幕幕不连续的浓缩了故事与传说的场景，由此，该系列变成了一个培育观者情绪反应和精神抒发的对象。

而摄影与现实的天然联系，又使得这些叙事模糊的画面，内含一种真假难辨的张力，这也恰好反映了我们面对传说和神话时所采取的心态：它们可能是被编造的，或许曾经发生过，还有可能存在部分的真实，但无论真假，它们都反映了现实中矛盾的本质，都直指了人类在历史和现实中的精神处境。

当迪伦和保罗将他们从当地人所讲述的诸多生与死的故事等，都融

合进这个系列的时候，我们便知道，这个将更进一步打破虚构与现实的视觉创作，不再是一本关于地方景观和人物肖像的记录，而是关于一个地方在宏大时间轴下的精神沉淀，是试图抓住始终飘荡在其幽闭深处的鬼魂，是力图要为我们描述出一个个诞生于美国东北部森林中的黑色童话。

## 访　谈

**傅尔得：**《沉睡的小溪》系列是拍摄于美国新英格兰的某一乡村地区，你们都成长于那里吗？你们和成长的环境之间产生了什么样的情感？

**保罗・吉尔摩：**我们都出生在新英格兰的乡村小镇，也一直住在那里，我身份的方方面面都是在那里塑造的。那里租金便宜、安静，有着多样的野生动物，那里也被历史所笼罩，当然尽管有时也很丑陋，但我就算离开那也绝不会太久。

**迪伦・豪斯索尔：**我同意保罗的看法。《沉睡的小溪》发源于美国东北角海岸外的一个小岛，但我们觉得这个小岛似乎没能把握住一个更大、更整体的现实，我想这种感觉也体现在了照片中。我们最终搬离了小岛，融入了更为熟悉的人和环境之中，比如我们的家庭和成长的地方。

**傅尔得：**你们是怎么开始以组合在一起进行创作的呢？虽然说艺术家二人组合也不少，但毕竟每个人对同一件事都会有各自的不同想法。你们作为两个个体，在创作《沉睡的小溪》系列时，是如何进行分工合作的？如果产生了分歧，又要如何达成和解和妥协呢？

**保罗・吉尔摩：**在2015年搬到山峰岛上之后，我们便开始了认真的合作。在那之前，我们只是碰巧志趣相投的好朋友，我们会听同样的唱片，玩气枪时会一起对着同一个罐子射击，也都对成长过程中我们所了解到的关于这个地方的奇怪故事有着共同的兴趣，当我们开始拍同一个地方的时候，《沉睡的小溪》就自然出现了。岛上有一种明显的氛围，

《在黑塘旁的看护员》，
《沉睡的小溪》系列；
© Dylan Hausthor &
Paul Guilmoth

那帮助我们形成了目前的创作。如果有分歧的话，我们都会在编辑的过程中进行解决。

**迪伦·豪斯索尔：**如果说《沉睡的小溪》系列散发出了一股力量，那绝对是来自我们之间的合作，这虽然有点老生常谈，但沟通的确是我们完成这个项目的关键。无论是我们的合作还是单独创作的作品，我们都非常在意，但我们都很小心不要让它们变得过于重要。而要谈到最终的作品，其大概会介于精致的创作和像是我们握住对方的手画出的手绘

《米歇尔》，《沉睡的小溪》系列；© Dylan Hausthor & Paul Guilmoth

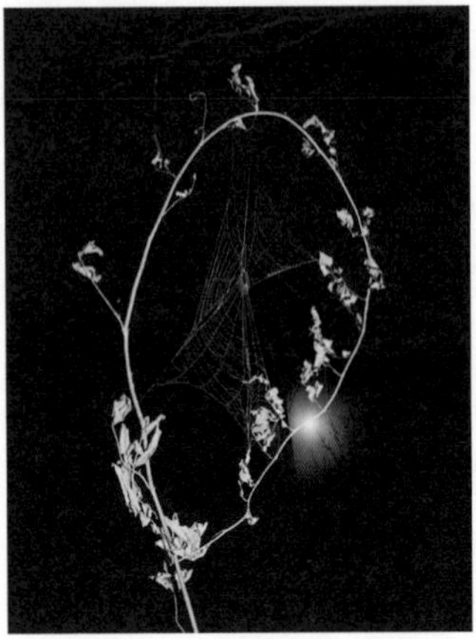

《月光下的新蜘蛛网》，《沉睡的小溪》系列；
© Dylan Hausthor & Paul Guilmoth

《摔落》，《沉睡的小溪》系列；
© Dylan Hausthor & Paul Guilmoth

作品之间的程度。

**傅尔得：**你们一起生活在与外界隔绝且仅通船只的山峰岛上的时候，是一种什么样的感觉？是什么吸引了你们要去那里生活？

**迪伦·豪斯索尔：**多年来，我就一直很想要搬去那里，当我们大学毕业时，似乎就到了最恰当的时候。我们是在一个小城市上的大学，我

想毕业时我们都很高兴要离开那里，去寻找一个适合我们生活的社区，一个可以花更多的时间观察苔藓的地方。

**保罗·吉尔摩：**在物理上与一块大陆隔绝，是我所找到的一种寻求宁静的方法。搬去那里就像一种治疗，在一个被大自然所包围的地方，我可以欣赏周围的每一件大大小小的事物。

**迪伦·豪斯索尔：**我还想说的是，在那里会感觉到很多不一样的孤立感。在岛上待过一段时间后，我试着在另一个城市生活过一段时间，但在城市里感受到的则是一种更加尖锐和令人不安的孤立感。尽管岛上的人要少得多，但我却感受到了一种更鼓舞人心、更加自由的孤独，一种我认为是被我们所建立的社区所阻碍了的孤独。

**傅尔得：**为什么要将这个系列取名为“沉睡的小溪”？这一系列最开始的创作动机和计划是什么？在创作的过程中，你们是否和最初的想法逐渐发生了偏离？如果有的话，主要有哪些？

**迪伦·豪斯索尔：**我不记得是什么时候我们决定要把这个系列叫作“沉睡的小溪”，有一段时间，我们还把它暂定为“树林里的疯子”。记得有一天晚上，我们都在岛上拍过一位身穿裙子的女人，她当时正好躺在一条流经一小片森林的小溪里，那些照片最后虽然没有收录到这本书中，但它们所表达的情绪无疑启发了书名。

**保罗·吉尔摩：**是的，此外，我对与特定地理位置相关的艺术很感兴趣，但对那些试图“代表”某个地方的作品，则持谨慎态度。大多数人都至少与一个地方有着强烈的情感联系，不管他们出生在那里，还是已经在那里生活了好几代，某块土地大多会从字面上和隐喻上浸透着个人和历史的记忆。当谈及乡村地区时，我常常会想到这一点：在某地扎下根，并且拥有一块土地，这会让人们产生一种独特的自豪感。我们所采用的就是一个置入了扎根感的地点，这有助于将作品与周围的环境联系起来，并以此欢迎那些带有自己独特视角和历史感的观众，进入对这片土地的观看之中。有一段时间，我内心其实有点想要真正地考察这个岛

屿，并想以一种与它的日常大致相似的方式来展示它，但很高兴的是，后来我们决定不朝这个方向走，因为原先的创作路线感觉更像是在完成一项任务，像是在做新闻报道，其实那就好像我们在试图主张一些不属于我们的东西。

**傅尔得：**不同的动物在你们这个系列中出现的次数很多。它们给人一种孤绝与野蛮、独立和残暴的感觉。你们为什么选择拍那些场景下的动物？它们在你们的整体创作中进行了哪些部分的支撑？

**迪伦·豪斯索尔：**对我来说，我一心痴迷的是生存的极端性和戏剧性。讲故事一直占据着我脑海中最重要的部分，随之而来的是我对原始的、基本的人类欲望、问题和需求的浓厚兴趣。我对神话和童话故事都非常感兴趣，它们都涉及解决人类的普遍问题。我从不吃肉，我一生也都将会践行素食主义，但我着迷于把杀戮和处理生命作为一种谋生方式的想法，那些擅长于此的人给我留下过深刻的印象。我还想说，当我独自在树林里拍照，或找寻蘑菇的时候，也是我感到最自在的时候。在那些经历中，野生动物无处不在，倘若不把它们拍下来，似乎有点不尊重它们。

**保罗·吉尔摩：**完全同意。这当然是很自然的，因为，除了人类以外，其他的生物大多时候都生活在我们的世界里。我的灵感和幸福感，很大程度上就来自观察自然界中的事物以及看看它们是如何存在的。比如，我会花上几个小时来观察白头翁或燕子从河的一岸到另一岸去寻找食物，或是看一只蜘蛛怎么把一只飞蛾卷进它的蛛丝之中。

**傅尔得：**出现在这个系列中的人物，每一个都像是一个浓缩的电影片段。他们带有一种默片式的叙事张力。虽然你们拍摄的是一个一个的人，但他们似乎都不指涉到具体的人与事，而是指向了不同的情绪。对于作为创作者的你们而言，这些人物肖像的叙事性，都指向了什么样的情绪呢？

《生产》，《沉睡的小溪》系列；
© Dylan Hausthor & Paul Guilmoth

《明亮的鹿》，《沉睡的小溪》系列；
© Dylan Hausthor & Paul Guilmoth

**迪伦·豪斯索尔：**我希望《沉睡的小溪》系列中的大部分人物，都能给读者呈现出一种介于主角和反派之间的人物形象，或是介于在吸引人注意和可让人投射情感之间的对象。你的问题提得很好，我认为正好切中了我们希望传达的内容：没有具体的细节，但肯定是指向了某种情绪。

**保罗·吉尔摩：**不过，我好像从来没有试着给人贴上类似的标签，这让我回想起我们刚才讨论到表现形式时所提到的谨慎态度。我对拍摄对象的肖像和人格的欣赏，大多发生在照片之外，因为他们通常都是我的朋友或家人，而我需要了解和关心我所拍的人。出现在《沉睡的小溪》系列中的人们，与他们所帮忙建造的虚拟环境是在同一个层面上的，他们仅仅是因为被编辑到了这本书中，所以能够来帮助完成整体的故事和环境的构建。这些肖像给人的感觉更像是一种既原始又现代的语言

符号。

**傅尔得：**如果说《沉睡的小溪》是一部你们用视觉所构建的神话，那么这个神话的主旨与精神是什么？摄影不仅与现实紧密结合，而且还带有证据式的天然属性，你们在使用摄影这一媒介的时候，是如何运用了该媒介的这一特性，用现实的场景来支撑虚构的神话？

**迪伦·豪斯索尔：**我对摄影最感兴趣的是它与真相交织在一起的粗暴历史。我真的很担心创作者的身份在拍摄中所起的作用，因此，这需要对观看照片的人产生信任，相信他们有讲述故事的能力，因此，有关神话的故事就不需要我们来解释了。《沉睡的小溪》中的所有照片都是真的，但又没有一张是真实的。

**保罗·吉尔摩：**我认为迪伦刚才的最后两句话说明了一切。作为艺术家，我们都有这样的意图：为观众提供一个想象的空间，并希望他们用自己的语言来解读。重要的是，我们在照片中已留下了足够的信息，但同时，我们也模糊了时间和地点等明显的标志，所以，只要拿起这本书，每个人都可以编造自己的神话故事。

**傅尔得：**在中国观众所非常熟悉的埃里克·索斯的《沉睡在密西西比河畔》系列中，他以一场沿着密西西比河的长途独自旅行，对一个高速发展的美国所存在的诸多社会问题，以视觉画面的选择进行了一场省思。你们的系列《沉睡的小溪》虽然只限于美国东北部的一个叫山峰岛的小岛，但也以某条小溪作为了线索。我想知道，你们在图片中所呈现的宁静、黑暗、残暴、怪诞、悲伤等感觉，是否也表达了一个基于美国的地方发展与现状的更为广阔的社会情绪？你们如何看待自己作品的地域性和更为广阔的社会整体普适性之间的关系？

**迪伦·豪斯索尔：**美国的政治现实令我们两人都深感不安，以至于我们都感到既不可能解决问题，也不可能不解决问题。我想，《沉睡的小溪》中的一些照片，确实反映了我们在这段时间里的生活感受。我们都

对自己的家乡怀有深厚的爱，但这种爱是复杂的，并受到殖民主义、仇恨和种族主义历史等的质疑，这些历史仍旧影响着这里的每一寸土地。我们当然希望承认这段历史，或许还希望用我们的一些带有残暴感的照片对其提出警告。

**保罗·吉尔摩：**作品的地域性只是在一个地方停留太久而发生的事情，人类与自然和土地的关系则更为普遍，这是一种甚至不需要被看到就能感觉到的强大的东西。我们与自然界的关系是悲伤的，具有破坏性的，通常还是排他的，这就导致了你提问中所提及的黑暗。这本书所说的语言，更类似于人们在世界上可能感觉到了但从来没有想过要用语言来进行表达的感觉，因此，我们希望这些图片能像人们的直觉一样被普遍接受。比如，当你看到两只发光的眼睛在手电筒的照射下盯着你看时，你的胃可能当即会下沉，那么这便是一种更基本的交流方式。

**迪伦·豪斯索尔：**美国无疑是一个非常令人悲伤的地方，但是如果用“沉睡的小溪”来表达这个信息就有点太狭隘了。保罗刚才所提到的人类力量的普遍性，则更接近我们所感兴趣的东西。

**傅尔得：**作为艺术家二人组，你们不仅一起拍照，还在2015年一起创立了独立出版社威尔特出版（Wilt Press）。你们对摄影书的制作应该有着自己的审美、价值和原则。《沉睡的小溪》系列中的每一幅照片似乎都可以独自支撑，但将它们制作成摄影书却需要一个编排思路。以这个系列为例，你们如何看待这些摄影作品和这本摄影书之间的关系？

**保罗·吉尔摩：**一本书总是让人感觉像是一个系列的最终呈现形式，拥有一本书也使得无数次的翻阅成为了可能：无论是从封面翻到封底，还是从封底翻到封面，或者有时只是随机选择某页来浏览，而这一页也可以独立存在。还有，整本书一定要被从头看到尾的想法其实是有问题的，图像应该允许某种灵活性。一本书有望向它的读者传达一些东西，而且当你独自一人观看时，其所传达出来的信息要比观看任何其他艺术形式要不同得多，也更个人化。

**迪伦·豪斯索尔：**我喜欢你提问中称之为编排的说法，我们制作的每一本书，每张照片无论在一起还是分开，感觉都像是一系列动作的练习和重复，但希望其中没有冗余的部分。照片总是线性的，也总是文学性的。一系列的图像被真正地结合在一起，似乎是一种发挥图像自身的潜力，以及让我们认识图片的最好方式。

**傅尔得：**这本书的封面并不是照片或其他设计，而是在绿色的封面上有着一只金色的浮雕山羊。这样的封面设计和内容之间有什么联系呢？

**迪伦·豪斯索尔：**我们要感谢了不起的若昂·林内乌（Joao Linneu），是他为《沉睡的小溪》一书设计了如此巧妙的一个封面。这个设计部分是关于《圣经》中的背叛，这根源于西方的童话故事，以及新英格兰牲畜的简单繁殖等，封面上是一只蚀刻的山羊，这是一个介绍这本书的完美方式，而同时又不会透露太多内容。

**保罗·吉尔摩：**那山羊在一种不祥和充满希望的感觉之间摇摇欲坠，这种不确定性是我们希望能贯穿于全书的一种感觉。

·原载于《城市画报》杂志2020年8月刊，有改动

迪伦·豪斯索尔和保罗·吉尔摩（Dylan Hausthor & Paul Guilmoth）

生活在美国东北部新英格兰地区乡村的创作二人组，两人均毕业于缅因艺术学院。其中，迪伦·豪斯索尔为耶鲁大学艺术学院艺术硕士（MFA），其创作实践主要集中于深植于当地的摄影项目和摄影书的制作。2015年，两人一起创立了名为威尔特出版（Wilt Press）的独立出版社和音乐厂牌，以及两年出版一期的名为威尔特出版的视觉杂志。2019年冬，他们的第一本摄影书《沉睡的小溪》出版后，被众多国际知名艺术家和评论家评为2019年最佳摄影书。

# 5

## 马丁·科勒 | Martin Kollar

## 吟游诗人的冷静目光

每代人有每代人的苦难和幸运，当前这一代的年轻人，不仅在加剧的全球化浪潮中面临着贫富差距的急剧变大，更在智能技术的快速发展下面临着工作机会被日益取代的危机。然而，尽管就业率衰颓，但年轻人也享受着因互联网的兴起和普及所带来的资讯便利和人际社群之间关系的空前紧密。

生于1971年的摄影师马丁·科勒（Martin Kollar）当然也正处于这波变化之中，但他更愿意将自己归属于上一个世代，18岁那年，他面临的不是一个正在被互联网剧烈改变的世界，而是社会发生的戏剧性改变。

出生、成长于苏联铁幕统治下的捷克斯洛伐克，马丁·科勒的生活因为1989年东欧剧变浪潮中捷克斯洛伐克发生的一场平顺的天鹅绒革命，而发生了彻底的翻转。这场紧随柏林墙倒塌而来的东欧剧变，逐渐瓦解了冷战的两极格局。对现在的年轻一代来说，那可能是一个陌生的时代，但当时正念大学的马丁·科勒正处于这场变化的漩涡中心，余波直至1993年1月，捷克斯洛伐克分裂为两个国家，而马丁·科勒处于斯洛伐克一方。

马丁·科勒这样表达自己的宿命：我们这一代中年人，一直不断地在跟无尽的多样的崩解和被废弃的教条所留下来的空虚做斗争。我们都知道，如果在电脑中同时装入两个系统，电脑将会以一种绝望到趋近于停滞的速度运行。电脑尚且如此，何况是人？实际上，马丁·科勒一代的捷克斯洛伐克人，要从一个系统切换到另外一个系统，需要漫长的时间。基于这种自我认识，马丁·科勒形成了他的影像表达基调，而他的好几个拍摄系列，都呈现出一种共性：对社会不确定性、不安全感的冷静表达。

2003年出版的摄影书《实地考察》(*Field Trip*)，是马丁·科勒在以色列进行的为期一年的拍摄结果。这个系列是对以色列当前状态的一种呈现，重点在于呈现在那个不安定的社会现状下，作为个体的人们内心的紧张和恐惧，而且马丁·科勒还试图找到这种紧张感的来源。在拍摄

《实地考察》(*Field Trip*)系列作品，©Martin Kollar

《实地考察》(*Field Trip*)系列作品，©Martin Kollar

中，因为在欧洲和以色列之间频繁进出，马丁·科勒在以色列海关的安检以及与拍摄对象的联系和交流过程中，明白了整个拍摄过程，其实都处于这个国家的监视之下。

这种强大而隐秘的监视，让他不断回忆起成长过程中的斯洛伐克。即便在天鹅绒革命之后，马丁·科勒的老师告诉他忘掉之前所学的一切重新开始，但那只是最理想的一种状态。每个人之所以成其为个体，正是成长过程所造就的，而且烙印一旦被刻下，便永远不会消散。即便暂时忘记了，但只需要一点外部的刺激，发生过的一切便会像幽灵一样，迅速挤入脑海。

《特技替身演员》(*Stunt Man*)系列作品，©Martin Kollar

《特技替身演员》(*Stunt Man*)系列作品，©Martin Kollar

《临时安置》(*Provisional Arrangement*)系列作品，©Martin Kollar

Чернігівське
EURO 2012
ШАРДОНЕ

1968年的“布拉格之春”因苏联军队的入侵而失败后，捷克斯洛伐克处于长期的社会“正常化”阶段，而马丁·科勒的童年和成长阶段，正处于这个高压且秘密警察的监视无处不在的年代。因此，相似的生存状态，让马丁·科勒具备更为敏感的神经去抓取以色列紧张的社会现状。

不同的个人经历和想法，必然导致不同的人在看到同一幅画面时，产生不同的解读。

马丁·科勒镜头下的以色列，与我们一般所看到的以色列画面截然不同，画面中甚至没有强调以色列的视觉元素，而是通过既非戏剧性也非记录性的日常画面，来冷静地撩拨起观众内心的紧张感。

2016年出版的《临时安置》(*Provisional Arrangement*)一书，拍摄于欧洲的不同的国家，或许更多的画面出自他自己的国家斯洛伐克。这

《军队厨师》(*Army Cooks*)系列作品，©Martin Kollar

《临时安置》(*Provisional Arrangement*)系列作品，©Martin Kollar

本书是对当前社会所处的临时性状态的呈现。

这临时性状态，或许是因为20世纪发生在欧洲大陆上的动荡所造成诸多悬而未决的问题，或许是因为快速迭代的社会发展所造就的一种社会临时性格，这都让人们的生活处于一种暂时的被搁置状态。这些荒谬、绝望、疑虑等情绪，都呈现在他这个系列的每幅画面中。

每幅画面似乎都处在一种悬而未决的张力之中，观众禁不住像看影片一样，想伸出手指在画面中滑动一下播放按钮，好知道画面中的情况是怎么发生，之后的结果又会是怎样的。

马丁·科勒同时也是一名电影摄影师，这或许造成他所拍的照片带有一种神秘的情节和碎片化的叙事性。

而更重要的一点，是他抓到了与画面瞬间性对抗的恒久性。这些画面不只是对当下的记录，更是一种吟游诗人般的对当时所处时代的解读

《欧洲议会》(*European Parliament*)系列作品，©Martin Kollar

或批判，而这记录的立场，不是出于集体式的观看需求，而是出于个体的观看渴望。

## 访　谈

**傅尔得：**你的网站上几乎找不到作品的阐述，相较于影像，你怎么看待文字的阐述功能？

**马丁·科勒：**我一直都尽量让画面具有某种不可言说的空间或者是神秘感，这样观者就可以将自己的理解注入其中。这样做能让画面非常具有合作性，而文字或书面的阐释会毁掉这种参与感，会将画面置于一

《没什么特别》（*Nothing Special*）系列作品，©Martin Kollar

种说明性插图的位置。

**傅尔得：**在《没什么特别》（*Nothing Special*）这个系列中，你用影像给予日常某种意义，这个系列的画面荒谬、幽默，以及有一种奇怪的普世性乐观，但也散发了一种不露痕迹的矛盾和张力。我想知道拍这个系列之前，你的预设是什么？

**马丁·科勒：**在处于苏联政治转型期的社会中生活了十几年后，我们其实已经无法清楚地看到世界所发生的改变。但在某个时候，我突然开始意识到把这些转变记录下来的重要性，因为那样的话，我们可能会在将来看到目前没能看清的一些事情。《没什么特别》这个系列主要是关于当人们无所事事时，会做些什么。因为悲喜剧是我最喜欢的题材，那些照片是想要呈现出既幽默又伤感的感觉。

**傅尔得：**《实地考察》（*Field Trip*）是一个对以色列进行深度研究的摄影系列，你也陆续花了一年的时间在那里进行研究和拍摄，这个国家的哪个方面是你最想要去记录的？

**马丁·科勒：**当我到了那里之后，发现几乎所有人的谈话都指向未来，未来就成了我拍摄的主题。主题定了之后，才是基于对社会的观察来进行拍摄。因为任何能预测的事情都有可能在将来发生，因此我对以色列的众多演习，以及他们为国内安全而做的各种突发准备等方面进行了研究。以色列的社会氛围很紧张，我也一直都试着让照片能包含这种感觉。

**傅尔得：**《临时安置》（*Provisional Arrangement*）系列呈现了你对社会不安全状况的情绪。你怎么看待社会的不确定状态？对于我们未来的生活，你抱持着悲观还是乐观的态度？

**马丁·科勒：**我发现，其实我们正生活在一个以临时性地解决问题为基础的世界，我们造一些临时性的房子，生活在临时的关系中，也做

一些某种程度上无法确定的决定。无论好坏，在《临时安置》这本摄影集中，我都没有提供阐述或评判，只是想要指出目前存在的某个特征，而且这些社会问题也正在扰乱我的生活。

**傅尔得：**你怎么分辨摄影师的好坏，或者说，你怎么认为一张照片是好的，而另外一张是不好的？如果让你从所拍的照片中挑一些放进你的摄影书中，你如何进行选择？

**马丁·科勒：**这很难！这是一种很直觉的评判，也要加上观者自身的经验。以我的看法，一张能将我从日常固定思维中打断的照片，或者是包含了任何在我脑海中挥之不去的魅力的内容的照片，都是好照片。至于我在挑选放到展览或摄影书的照片时，很多事情都是作为整体来考虑的，但同时，这些照片也都包含了独立的叙事能力。所以，在挑选照片时，我总是会按照书的主题来做决定，但也不会在此过程中削弱单幅作品的价值。

**傅尔得：**作为一名摄影师同时也是一名电影摄影师，在影像的叙事上，你觉得静态和动态画面之间有什么相似和不同？

**马丁·科勒：**这两个方面其实都在于图片和拍摄对象与观众之间的关系。在一部电影中，导演在某种程度上就像一个独裁者，他决定影像顺序的安排，也决定不同的影像在整个故事中的位置，甚至还有音乐，导演还决定在整个故事中的哪个情节该配哪个音乐。而在摄影中，一张影像就是我们所创造关系的对象，这种关系的特点取决于我们的经验或真实的情感。

**傅尔得：**成长于冷战时期铁幕下的捷克斯洛伐克，是否让你在面对生活在当今的以色列和东欧国家的个体时，在紧张的社会关系、恐惧以及个体的不确定性方面，有着感知上的优势？

**马丁·科勒：**我觉得在我们国家，就我这一辈的人来讲，在成长过

程中经历了两种不同的社会系统，这给了我们更多的看待事情的立足点，也让我们带着一种批判的观点面对社会现实。在我18岁的时候发生了社会的变革，我始终忘不了在政变几天之后，我们老师说的一句话："忘掉到目前为止你们所学到的一切。现在，你们必须从头开始学习一切事情。"

**傅尔得：**我很好奇你怎么看待当今的中国？如果你有个到中国拍摄的机会，什么将会是你最感兴趣的？哪些将会被你列在拍摄清单中？

**马丁·科勒：**很幸运，我已经到过中国两次了，但我明白中国是一个非常巨大、复杂而且正在迅速改变中的国家，因此，以我对中国的粗浅了解，我认为简单地对它下一个评判是不公平的。我需要大量的时间去深入和了解，我想那将不会是以一个好奇的外来者的角度进行的拍摄。如果我有一个在中国工作的机会，我想我拍的照片将会是你这个问题的最好回答。

*·原载于《城市画报》杂志2017年7月刊，有改动*

马丁·科勒（Martin Kollar）

1971 年出生于捷克斯洛伐克（现斯洛伐克共和国），于斯洛伐克最古老的艺术学校布拉迪斯拉发表演艺术学院毕业。毕业后从事自由摄影师与电影摄影总监的工作，曾合作过多部电影。荣获多个摄影奖项，包含3PPP摄影奖、德国徕卡奥斯卡·巴纳克摄影奖（Leica Oskar Barnack Award）与芬兰背光摄影奖（Backlight Photography Award）。《临时安置》一书荣获爱丽舍摄影博物馆的 2016 年度爱丽舍摄影奖（Prix Elysée）。

# 6

## 尼古拉·洛·卡尔佐 | Nicola Lo Calzo

## 叩问奴隶制的历史——没有遗忘，就没有鬼魂

在美国南部的路易斯安那州和密西西比州拍摄时，尼古拉·洛·卡尔佐再一次印证，奴隶制像个幽灵，它既存在于过去，也留存于现在，而问题是，现今的人们依旧对此讳莫如深。

在曾经的美国南部蓄奴州密西西比的城市纳奇兹，那些靠奴隶制和棉花种植聚集起大量财富的农场主的后代，穿起了让人想起南北战争时期前的服装，为远道而来的游客们展示着这座城市的历史，他们努力呈现着昔日农场主和贵族们的富裕生活日常、奢华的室内装潢和荣耀的家谱等等。但是，在导游们充满怀旧气息的讲解中，这些财富聚集所依赖的奴隶制度却没有被提及，反而，“奴隶”被悄然换成了“仆人”，更有甚者，他们用对这座昔日财富之城的艺术和建筑的冗长描述，掩盖了奴隶时代的历史缺陷。

尼古拉·洛·卡尔佐花了六个月的时间，深入美国南部的这两个州，寻找奴隶制度从南北战争和种族隔离时期传递至今的视觉证据，以认识当地集体记忆的复杂现状。而这只是尼古拉·洛·卡尔佐至今为止耗时十年的庞大项目“沙姆”（Cham）的一部分，“沙姆”是他对奴隶贸易和奴隶制的记忆传递现状的长期摄影研究项目。

法属圭亚那，马里帕索拉，Onis，一个来自 Ndjuka 的男生；《奥比阿》（*Obia*）系列；© Nicola Lo Calzo

沙姆源于圣经故事《创世纪》。作为沙姆后代的黑人种族，因被沙姆的父亲挪亚所诅咒，而沦为其他种族的奴隶，这曾给了奴隶制问题从圣经立场来看的正当性。然而，对非裔来讲，奴隶制代表着一个无论在道德上还是社会上都难以接受的过去。而对整个人类来讲，奴隶贸易和奴隶制是人类历史上的重大罪行和黑暗篇章，以葡萄牙、英国、法国、西班牙、荷兰和美国为主的欧美国家，在从16到19世纪持续400年之

多哥，洛美，Adzakokou 修道院举行的 tchamba 仪式；《昌巴》（*Tchamba*）系列（2011—2017 年）；© Nicola Lo Calzo

久的大西洋奴隶贸易中，将1700万黑人（不包括死于途中的），从西非贩卖到南北美洲、欧洲和加勒比地区。欧美国家靠着这一人类历史上最恶劣的侵犯人权行为，积累了资本和财富，走向繁荣。虽然奴隶制早已被废除，但在欧美的主流历史叙述中，至今仍对那段历史缄口不言，甚或是将其边缘化或抹除。

从边缘者的立场出发，生活于法国的意大利摄影师尼古拉·洛·卡尔佐，期望用摄影挑战和解构关于殖民奴隶制的主流叙事。十来年间，他前往塞内加尔、贝宁、加纳、多哥、瓜德罗普、马提尼克、海地、路易斯安那、密西西比、圭亚那、苏里南、巴西、古巴、安哥拉等大西洋沿岸的各地，以期对奴隶制在非洲、加勒比海、欧洲和美洲的遗留问题进行视觉研究。他深入各地的非裔社区，记录了这一离散在大西洋岸各国的种族，在不同环境下的身份认同与建构、传统继承与变化、信仰坚

贝宁，赫韦海滩，结束了神灵供奉仪式的 Hoindeh 一家；《昌巴》（*Tchamba*）系列（2011—2017 年）； © Nicola Lo Calzo

守与适应等，为奴隶制在当今存留的遗产进行的丰富视觉见证。

花了十来年的时间去记录，尼古拉·洛·卡尔佐并非是要死死抓住过去不放，相反，他的目的是要着眼于现在。因为，我们面对的事实是，奴隶制的记忆并没有消失，它只是没有被纳入官方的历史叙事中而已，它继续存在于不被媒体关注的边缘群体中。同时，即使在奴隶贸易和奴隶制被废除之后，种族主义和歧视仍在毒害和折磨着当今的非洲后裔。因此，一直以来，尼古拉·洛·卡尔佐都以奴隶制遗产在当代的呈现为中心来记录，力图展现奴隶制在现今的鲜活存在，以挑战“奴隶制是过去的事物”这一论调。

在加勒比海、非洲、美洲、印度洋各国，关于奴隶制的记忆，首先是对反奴隶制斗争的记忆。而飘荡于现今非裔社群中的奴隶制记忆的鬼魂，是不能被驱散的，而奴隶制这一曾留存于人类灵魂深处的心理伤疤，是不能被掩盖的，我们要让其一直暴露在外，好时时让我们疼痛，让我们不忘因流亡、绝望和反抗所带来的伤痛，让我们能继续为废除所有形式的奴役和歧视而斗争。因此，不仅仅是对非裔而言，甚至对全人类而言，反抗都是重要的精神遗产。

因此，尼古拉·洛·卡尔佐的“沙姆”具有重要的伦理、政治和文化意义。因为，对奴隶制记忆的重要遗产的视觉见证和传播，不是要继续撕裂社会，而是要让我们时刻对人性与尊严、历史与文化、权利与公民身份保有敬畏之心，是要让我们能继续保有抗争的精神，反对现今社会的主流特权，如：种族主义、仇外心理、白人至上主义、欧洲中心主义和新自由资本主义等，最终，以期在人类社会相互尊重的基础上，保持对文化多元、民族和解、相互尊重的继续认同。

## 访 谈

**傅尔得：**你的“沙姆”是一个以奴隶制遗留问题为主题，且拍摄了约十年的项目。可以给我们说说“沙姆”这个标题在这个项目上的具体

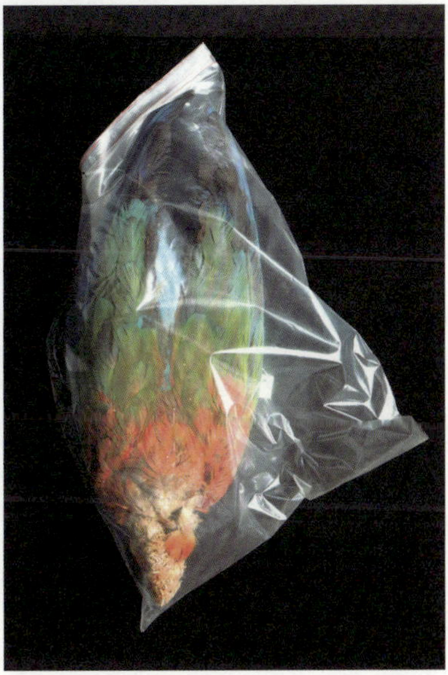

| 1 | 2 |
|---|---|
| 3 | 4 |

1. 苏里南，一个名叫 Samantha Main 的女学生，她来自帕拉马里博港；《奥比阿》（*Obia*）系列；© Nicola Lo Calzo
2. 多哥，洛美，Aszakokou 修道院举行的宗教仪式上正燃烧的火药；《昌巴》（*Tchamba*）系列（2011—2017 年）；© Nicola Lo Calzo
3. 法属圭亚那，圣洛朗—迪马罗尼，两个年轻人的吻；《奥比阿》（*Obia*）系列；© Nicola Lo Calzo
4. 《奥比阿》（*Obia*）系列，© Nicola Lo Calzo

斯蒂夫・莫斯（Steeve Mosé），Obiaman，在法属圭亚那恰伐因附近的河里洗澡；《奥比阿》（*Obia*）系列；© Nicola Lo Calzo

含义吗?

**尼古拉·洛·卡尔佐:**“沙姆”这个名字来源于《圣经》的作者对“Kam”或“Kem”一词的曲解,“Kam”或“Kem”在法老语中是“黑色”或“变黑”的意思。埃及人用它来表示他们的国家,更广泛地说,是非洲大陆。在一些非洲语言中,“Kemi”“Kembou”“Kheum”“Kala”这些词有共同的词根,意思是“煤”“燃烧”“黑色”,后来,这个词被用于《创世纪》中一个“沙姆的诅咒”的圣经章节中,在这一章节中,迦南和其后代都被他的祖父挪亚所诅咒,就因为他的父亲沙姆犯了罪。在欧洲,沙姆的诅咒被作为证明非洲黑人低人一等的首要意识形态的基础,从而使他们成了奴隶,这一现象出现在17世纪,因为当时的美国社会出现了甘蔗种植园和奴隶需求都增加的情况。沙姆这个词有一种表象和种族地理上的含义,在道德上和宗教上,帝国和西方政府利用这个词使其对非洲人民的奴役和对殖民地国家的剥削合法化。这个词很好地总结了殖民奴隶制历史的复杂性,从不同的视角来看,它既表达了统治的历史,也呈现了反抗的历史,这就是为什么我将这个词作为总标题来涵盖整个项目的原因。

**傅尔得:**作为一个生活在巴黎的意大利人,你什么时候开始对非裔这一群体产生了兴趣?而你又是为什么会开始对探索殖民主义和奴隶制对非洲移民的影响这一议题产生了兴趣?

**尼古拉·洛·卡尔佐:**“沙姆”项目的起源,植根于我个人对身份的质疑,像是身份是如何形成的,又是由谁、由什么系统所形成的等疑问。当一个人发现自己属于少数群体时,这些问题就会出现,就像我作为一个同性恋的情况一样。我的摄影作品,都是面向基于性别、种族、性向或阶层等划分而成的少数群体,围绕着他们的挣扎、奋斗及在主流社会中的生存策略等,而自然而然发展起来的。我2005年来到巴黎,这对我的职业生涯和我对离散在巴黎的非裔族群的认识都起到了关键作用。我在巴黎认识了来自非洲和美洲加勒比海岸的列斯群岛的朋友们,这让我

越来越了解他们在种族、阶级和殖民等方面所遇到的问题。事实上，我对殖民性的兴趣远大过于之前的殖民主义，殖民性是指目前我们的持久性制度和殖民表现、政策和行动等所形成的体系。从这个意义上说，关于奴隶制的记忆教会我们更多的是关于我们的现在，而不是过去。

**傅尔得：**在《昌巴》(*Tchamba*)系列中，你对西非国家历史上伏都(Vodun)宗教仪式形成的原因及其现状进行了探索，展现了西非族裔对历史上的奴隶贸易和国内奴隶制度的现代记忆。作为离散在全球的非裔的重要原始宗教信仰，关于伏都的仪式等也都频繁地呈现在你在拍摄古巴等其他国家的项目中，对宗教活动的拍摄在你这个项目中的作用是什么？

**尼古拉·洛·卡尔佐：**随着创作的进展，我意识到宗教习俗在传递奴隶制记忆中的重要性。伴随着固定下来的活动和习俗，如狂欢节、非裔的宗教活动、多哥中部城市昌巴的伏都教仪式等，都为当地非洲社区的身份建构发挥了关键的作用，这些都成为非洲黑人后裔能够重现和回忆奴隶制创伤的主要承载。我的大部分作品是关于神秘主义和宗教的，这些活动都融合了来自非洲、美洲和欧洲等不同的文化，它们是殖民者输入的基督教、非洲奴隶(伊斯兰教和伏都教)输入的宗教和美洲原住民的当地崇拜之间互相交融的结果。

**傅尔得：**在《奥比阿》(*Obia*)系列中，你对法属圭亚那的马隆人(Maroons)进行了呈现。拍摄作为曾被载入史册的第一个摆脱奴隶制的非裔后代的马隆人，这个系列的目的是什么？在你的“沙姆”的整体大项目中，这个系列在其中担任着什么样的角色？

**尼古拉·洛·卡尔佐：**“奥比阿”摄影项目，是在苏里南和法属圭亚那两个国家拍摄的，因为两国均有历史上的马隆人所占领的领土。拍这个项目，主要是试图探究马隆人非凡的魔法般的宗教遗产和其与现代性的新挑战之间的联系：在新一代中所不断进行的文化适应和去文化过程

中所产生的平衡。《奥比阿》系列是目前最复杂的系列之一，我前往了苏里南河和马罗尼河，在两河沿岸的亚马孙地区进行创作。在那边，我必须设法与马隆人社区建立联系，才有可能被邀请参加他们的一些庆祝活动，如萨拉玛卡酋长那令人难以置信的葬礼。对我来说，这个系列很好地展示了我所有项目的意义：反抗奴隶制的记忆是鲜活的记忆，他们向我们讲述的是现在，而不是过去。他们告诉我们，在当下全球化和新自由主义的文化面前，他们是多么的坚定，就像他们过去反抗压迫和殖民主义一样。但同时，他们的记忆又是脆弱的，因为这些社区正日益被文化适应、贫困和失业等问题所击碎。

**傅尔得：**的确，作为一名白人，要深入不同国家的非裔特殊群体的内部进行采访和拍照，面对这么多复杂的群体而且要获得他们的信任，是非常不容易的，你觉得这过程中最大的困难是什么？当你确实无法进入一个族群内部时，你会怎么处理？

**尼古拉·洛·卡尔佐：**多年来，我一直都生活在深知自己是局外人的群体中，因此，我总是努力让我的主题发出声音，历史和社会语境是我作品的中心，也是我呈现被摄对象和进行表达的一种方式。最重要的问题是能够参与进这些群体和其活动中，对我来说，在我工作的社区中，透明地行事总是很重要的。在项目开始进行的时候，这自然是非常困难的：我发现对方并不理解我的意图，在任何情况下，他们都要对我的要求产生怀疑，不过这种反应显然是可以理解的。当我最终开始整理与这个项目相关的第一批照片时，我找到了自己的方法：就是把我以前拍的作品给他们看，并花时间解释我为什么要去到那里，为什么希望拍他们等。同时，他们也给我以观点、想法及条件等的回馈。这过程可能需要花几分钟，或是几个月的时间，这也就是为什么我的作品总是在自己的期望、拍摄对象的愿望和即兴创作之间进行着相互妥协的原因。

**傅尔得：**在《卡斯塔》（*Casta*）系列中，你深入拍摄了美国南部的殖

民记忆。你曾描述，“奴隶制的记忆并没有消失，它们被纳入了不同于政府推动的官方历史版本的叙述形式中”，我们该如何理解这句话？

**尼古拉·洛·卡尔佐：**我的意思是我们可以有官方的记忆，那是关乎一个政府、一个国家或一个精英群体的记忆。在这种情况下，这些记忆与历史的主流表现形式有关，主要说的是一种意识形态，其作用为一种宣传。而同时，我们也可以拥有私人的回忆，这关乎一个家庭、一个

马罗尼河上的搁浅船，圣洛朗—迪马罗尼，法属圭亚那；《奥比阿》(*Obia*)系列；© Nicola Lo Calzo

帕勒莫市政厅内，米兰的说唱歌手 Sangare Moussa 在 Nicolo Turrisi Colonna（1880—1887 年担任帕勒莫市长）雕像后面；《Binidittu》系列，2017—2019 年；© Nicola Lo Calzo

孩子们在 Chinois 村子里玩耍，圣洛朗—迪马罗尼，法属圭亚那；《奥比阿》（*Obia*）系列；© Nicola Lo Calzo

社区或是一个伏都修道院等。我的作品主要是关于这些私密的、亲密的、受保护的私人记忆。

**傅尔得：**在整个项目的拍摄中，你都不断地穿梭在历史与现实之间，将这一过程完全用摄影来进行表达，是否会觉得这一媒介有其局限性？摄影媒介在表达如此磅礴的主题时，其优势和劣势是什么？你如何找到一种合适的视觉记录方式和节奏？

**尼古拉·洛·卡尔佐：**作为媒介来讲，摄影并非现实，它总归是对现实的一种诠释，永远无法完全把握现实。正如美国摄影师戴安·阿勃丝所说："照片是关于秘密的秘密。"我不会假装要用摄影来改变世界，但我希望挑战和改变这个世界的主流叙述，相信摄影有能够解构殖民叙事的力量，这就是为什么我认为"沙姆"具有政治使命的原因。因为，我

仍然相信摄影的力量，它让我们看到以前没有看到的东西，拓宽我们对世界及其复杂性的理解。有了对复杂性的认识，有了怀疑的力量，就有了改变的可能性。“沙姆”项目以求将奴隶制的记忆作为一种鲜活的、复杂的、有机的文化实践体系在世界范围内进行传播。我的拍摄在于试图保持对这种有机记忆的忠实，这就是为什么我把风景、肖像、静物、行为等并列在一起，目的是要唤起记忆的动态和活力。为了保持主题的复杂性，我把我的照片与旅行中所收集的档案和艺术工艺品等结合起来。同时，我也对视频越来越感兴趣，我的大部分作品，大多以多媒体装置的形式呈现，因此，我的摄影作品只是声音、视频、档案体验的一部分。

**傅尔得：**到目前为止，你已经深入欧洲、非洲、加勒比海各国、美国南部等十几个国家和地区进行拍摄。对于拍摄地点的选择，在顺序上有什么逻辑可言吗？或者，你是如何安排这样一个长达十来年的拍摄计划的？这个项目还将持续下去吗？如果是的话，在什么时候你会认为它该结束了？

**尼古拉·洛·卡尔佐：**研究殖民奴隶制的记忆，意味着重新绘制一幅新的世界地图，而这地图决定了我们对世界的看法。与地图一样，摄影也服务于殖民地，它向我们展示了一个从欧洲或美国的视角所看到的“坚定的”世界。相反，贸易和奴隶制的记录，展示了一幅常常被国家历史所遗忘或否认的暴力地图，而这有助于改变我们对世界的看法。同样地，随着大西洋奴隶贸易路线的展开，奴隶制的记忆也很快地被解放出来，这带来了一幅政治和文化上关于抵抗运动的反向景象。在进行这个研究时，我意识到有些国家对于讲述这段历史至关重要，比如贝宁和海地。人类学研究在地点和主题的选择上能起到决定性的作用，我对大部分拍摄地点的选择都是基于此一步一步来的。在海地时，我意识到其与古巴的历史联系是多么重要，于是决定前往古巴拍摄。通过对当地的艺术家、研究人员、协会、机构、家庭等的认识与了解，我摸清了自己感兴趣的地方，也明白了我能从什么样的角度和视角来进行讲述。我的大

部分照片都来自我与拍摄对象的相遇或结下的友谊，我也不确定何时能完成这项工作，2020年就是这个项目的十周年了，我计划到巴西和安哥拉去创作，以完成这十年来的项目，我们拭目以待。

**傅尔得：**你通过“沙姆”在寻求一个对非洲殖民和奴隶制度的全球记忆，而在一个世界全球化日益加深、难民问题日益困扰欧洲，且历史急速向前发展的时代，你想要为当代非裔社会描绘一幅怎样的肖像？

**尼古拉·洛·卡尔佐：**事实上，在我遇到并拍摄的大量实践背后，很明显，面对极端自由主义的治理政策，这些非裔社群往往会被边缘化、削弱和贫困化。奴隶制的遗产不仅表现在反抗行为上，还表现为殖民帝国权力体系的持续存在，包括它的言论和行为，它的分类和种族主义。我认为我的创作深深扎根于我们的现在。对奴隶制的记忆是对不受限制的暴力的记忆，它们也提醒着我们在当代为人类解放而进行的斗争，要反对系统性的种族主义、仇外心理、欧洲中心主义和新自由资本主义。它们也是一个跨越时代、国家和社区的强大的传奇的抵抗故事，其中非洲人争取自由的特别斗争是人类争取尊严的普遍斗争的象征。我不知道哪张作品是能呈现全球黑人社会的最好的肖像，但是，重要的是找寻尊严：哪里有尊严，哪里就有美。

*·原载于《城市画报》杂志2020年3月刊，有改动*

尼古拉·洛·卡尔佐（Nicola Lo Calzo）

摄影师，1979年出生于都灵，目前生活、工作在巴黎、西非和加勒比海之间。他的摄影实践和研究关注的是关于交叉性、殖民性和身份的问题，自2010年以来，他穿越大西洋沿岸地区，研究奴隶贸易和殖民奴隶制的鲜活记忆。其作品受邀在世界各博物馆、美术馆及其他艺术机构等广泛展出。他还定期为《纽约客》《华尔街日报》《纽约时报》等国际媒体撰稿。

# 7

## 千贺健史 | Kenji Chiga

## 日本“自杀潮”

日本摄影师千贺健史（Kenji Chiga）在他的朋友2015年死于自杀后，便开始用影像来探索日本社会中普遍存在的自杀现象。在《自杀潮》（*The suicide Boom*）系列中，他不仅对朋友的父母进行了采访，还追踪了其生前的死亡之旅。然而，那只是这个项目的开始。之后，他不仅就这个议题进行了广泛的史实、档案资料等的研究，而且还进行了大量的田野调查。

“那些不知不觉地试图要自杀的人，那些曾多次试图自杀的人，那些克服了自杀欲望的人，那些支持或帮助别人自杀的人，那些在家人自杀后受到影响的人，那些阻止了家人自杀的人，那些看似只是开玩笑地说自己想死但其实非常严肃认真对待此事的人，等等，他们都出现在我的照片中。”不仅如此，为了拍摄这个项目，千贺健史还“去了那些故事发生的地方，去了乡村博物馆，到乡村办公室进行相关询问，还去了国家图书馆，甚至还在拍卖会上买了过去的旧资料”。

千贺健史如此大费周章地拍摄这个项目，只是想弄清楚一些问题：自杀真的是唯一的出路吗？人们想要自杀的想法是如何被外界和他人所影响的？

这还得从千贺健史朋友的自杀开始，“2011年8月，我的朋友失踪了，两周后他又出现。在这两周里，他参观了一些被称为‘著名自杀地点’的地方，比如青木原的树木之海和东寻坊海涯等。此后，在朋友和家人的帮助下，他似乎逐渐康复，但最终，他还是在2015年8月离开了这个世界”。

在日本颇有知名度的自杀地点，曾吸引千贺健史的朋友前去一一踩

2011年，我的朋友曾去踩点过几处著名的自杀点。这张照片是我在他曾经踩点的路途中拍的。© 千贺健史

1986 年，有一位年轻的偶像女歌手自杀了。当时，跟她以同样方法自杀的未成年人的数量，比前一年增加了 40%。许多粉丝都曾试图追随她的自杀，但也有因自杀未遂而活下来的人。每到她的祭日时，粉丝们都会在她曾自杀的地方聚集。© 千贺健史

偶像女歌手在 1986 年自杀的那栋楼。 © 千贺健史

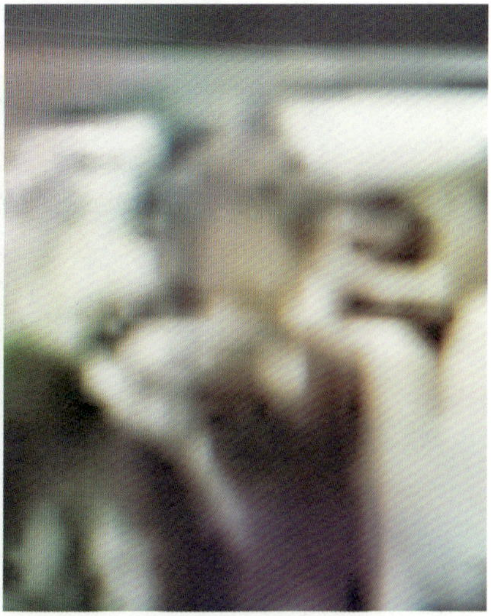

1986 年，一位年轻的女歌手自杀了，图片是当年电视新闻录像带的翻拍图像。当时，新闻报道播出了她的尸体和前来观看的追随者们。一些未成年人之后以与她相同的方式自杀。© 千贺健史

点。如千贺健史所说，“我们的精神有时被影响它的病毒剥夺了生命”。甚至连千贺健史自己，在拍摄这个项目的过程中，也曾受到外界的影响，产生过自杀的念头。

“在做这个项目的时候，我有时会想到自杀。但是，在那些时候，我都会试着去思考‘为什么我会有这个想法’‘是什么影响了我’等等问题，之后我明白，我只是在逃避每一个艰难的处境，想象着死后的一切。但死后的一切，真的存在吗？通过这样的自我问答，我常常会逐渐冷静下来。”

但是，并不是每一个产生过自杀倾向的人，都能像千贺健史那样，将事情冷静地想清楚。或许，是因为自杀念头形成的动机不一样，千贺健史是为了拍摄这个项目而让自己沉浸其中，以分析自己的自杀欲望是怎么产生的，以及如何影响自己。

但他的朋友们就不一样了，“当我开始和一个想要自杀的人预约拍摄时，我也跟我的朋友们谈论了这个项目。后来，其中一个很熟的朋友告诉我，在那之后他曾动过自杀的念头。这件事情，让我了解到‘自杀’其实一直潜伏在我们身边。我最大的困扰在于，担心自己的作品会形成‘维特效应’”。

1774年，德国作家歌德（Johann Wolfgang von Goethe，1749—1832）的小说《少年维特的烦恼》出版，书中的男主角维特因为爱而不得，最后选择了自杀。这部小说据说连拿破仑都读过七遍，在当时形成了现象级的阅读热潮，由此也引发了青少年模仿性的自杀潮。美国社会学家菲利普（David P. Phillips），在就自杀事件对社会的传染性影响的实证研究上，于1974年提出了“维特效应”的概念，意指在媒体报道某自杀事件后，一些公众模仿其知名的自杀方式或知名人物的自杀行为。

模仿行为的确存在，日本有研究发现，在媒体报道名人死亡事件的十天内，自杀数量会出现显著的增长，而模仿现象在年轻人中出现的概率要远远高于其他年龄群体。

作为互联网和社交媒体的主要使用群体，年轻人很容易于虚拟世界

中创造流行和形成归属。曾经，在日本互联网上的流行语中，有一句是："让我们在新小岩站见面。"

对于那些失去生活希望的人来说，这是一句表达共情或相约赴死的暗号。位于东京JR铁路的新小岩站，成了一个新的著名跳轨自杀的地点，千贺健史对这一现象保持了持续的关注："媒体上充满了关于在火车到达前跳下去的自杀者的消息，这引发了模仿式自杀。"

除了互联网和社交媒体，传统的大众媒体如报纸、电视、电影，甚或是小说、剧场等，都合力创造了一个个著名的自杀地点，如青木原和东寻坊。

不可否认，媒体对自杀事件的报道角度和程度，不仅可以引导大众舆论，还能在不同人群中产生不同的影响。因此，世界卫生组织曾在其《预防自杀：一项全球要务》的对外文书中，呼吁媒体在自杀事件的报道中，要避免夸大事实、因果关系和过度的细节描述。

想想，那些已严重为生活所困、失去生活价值、极度孤独以及与外界缺乏联系甚至隔绝自我的人，还有理智冷静思考人生的困境与生命的价值吗？他们需要的，可能只是朋友或亲人的倾听和建立在理解基础上的帮助。而在没有这些安慰的情况下，媒体对自杀事件的报道，很有可能刚好为其当下的绝望困境，提供一个解脱的出口。

媒体对于自杀事件的报道与特定群体内自杀事件的增加，极有可能存在很大关联，但即便如此，问题的根本，是否仅在于我们将矛头指向具有传播影响力的媒体或其他传播途径呢？

社会环境才是主要的原因。一个国家的历史、文化及社会环境，必然是导致某一行为大量发生的主要温床。社会学的奠基人之一，法国社会学家涂尔干（Émile Durkheim，1858—1917）曾在1897年出版了《自杀论：社会学的研究》一书，他在书中阐述了社会与个人的关系，认为当个体同社会团体或整个社会之间的联系发生障碍或产生离异时，便会发生自杀现象。

在社会学的架构下来看，自杀是社会对个人所产生的影响。如果个

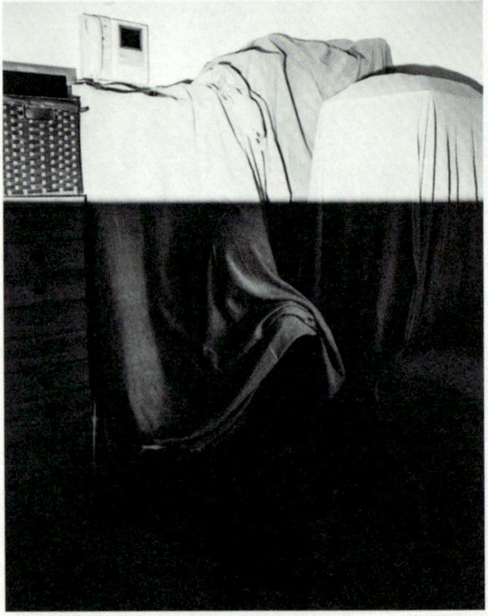

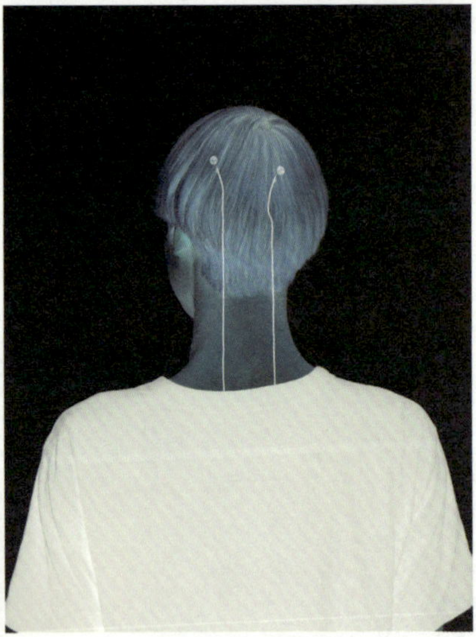

| 1 | 2 |
| --- | --- |
| 3 | 4 |

1. 一名年轻男子阻止了在他哥哥去世后企图自杀的母亲。他还说，如果自己能够代替哥哥去死会更好。很多人都会因为某些事情而鄙视自己的生命。 © 千贺健史
2. 东寻坊的游客。我常常在那里听到这样的对白："很多人都从这里跳下去后死了，对吗？"像看守者一般，我用长焦镜头拍下了他们的举动。© 千贺健史
3. 我的一位朋友，在自己房间里放了致命药剂，因此他随时可以自杀。虽然他说自己的每一天都过得很艰难，但他可以依赖着一种安全感而活下去，这安全感就是他随时可以自杀。© 千贺健史
4. 给抑郁症患者的脑部进行电击被认为是预防自杀策略的一部分。这虽是一项重要的技术，但并不能解决人们的根本问题。因为，解决方案不仅需要技术，还需要来自周围环境和社会的合作。 © 千贺健史

站在站台上的一个昭和时代的人和现代上班族的叠加场景。© 千贺健史

位于日本福井县坂井市三国町安岛一处海崖的东寻坊，是日本著名的自杀地点之一。我的朋友虽然没有在这里自杀，但他也曾来这里为自己的自杀勘探过地点。© 千贺健史

体与社会充分整合，其欲望和抱负受到社会规范的调控，就不太可能自杀。因此，我们不能仅仅看到因各媒体的传播而产生的自杀模仿效应，更应该看到个人所处的社会环境及其传统、文化的影响。因为，“社会心理病毒”不仅要在适当的环境下才能繁殖，更要在有条件的情况下才能产生影响。

相较于其他国家，日本社会的历史和文化，对自杀更为宽容。在基督教文化的国家，自杀是拒绝神的拯救，因此死后不仅不能上天堂，还会加速堕入地狱。《少年维特的烦恼》中的主角维特，便因为是自杀，无法以基督教的方式被埋葬。而在日本人普遍信奉的神道教中，其关于灵魂的概念，既不同于基督教，也不同于佛教的因果轮回报应，在自然万物和谐一体的泛灵论的日本神道教文化中，肉体的生命可以通过自杀予以结束，灵魂却因此获得循环和重生。因此，自杀并不是对生命的终结，

我在 2017 年到了三原山，是想就曾于 1933 年发生在那里的一次著名的自杀事件做些研究，图片是那时拍的，我在一个风雨交加且能见度很低的天气里，拍了一位登山者孤独的形象，以此来呼应那些曾经想爬上山顶自杀的人。© 千贺健史

一个感染了“精神病毒”的女人的图像。曾在 1933 年自杀潮中自杀的妇女肖像被制成圆点，用投影仪投射到一位现代妇女身上。自杀就像流行病毒一样，会在人与人之间传播。© 千贺健史

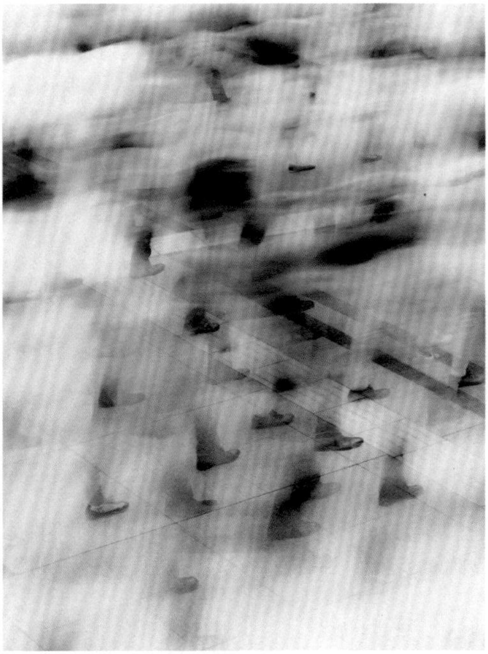

这幅抽象的影像，是对社会趋势和走向的
隐喻。 © 千贺健史

也不是对生命的犯罪，而是主动实现生命的再生。在日本，自杀不被认为是一种逃避和懦弱的行为，而是作为一种极致的方式来证明一件事情，表达自己的观点，以及用来谢罪，因此，不仅生前的所有错误会在自杀后一笔勾销，甚至，自杀还是成为神的途径之一。

被写入日本小学五年级课本的《忠诚藏》，描述了1701年幕府时代为自己主君雪耻的四十七义士，“他们坚定地为自己的主君报仇的行为，应该成为永远的典范。幕府在反复考虑之后，还是下达了让他们切腹的命令，因为只有这样才能够让他们的忠义得到两全”。而日本不仅有这四十七义士的墓碑及雕像的纪念地，还有大量的电影、戏剧等对其持续至今的歌颂，而且，还影响到日本人的生活习俗，在每年12月14日这

天，一家人团聚吃荞麦面，模仿四十七义士的最后晚餐，此类故事的流传，在很大程度上形塑了后世日本人的生死观。

无限的忠诚与不容被羞辱，成了日本人的重要国民特征。也因此，在“二战”接近尾声时，与日军进行冲绳决战的美军，看到非同一般刚烈顽强及宁死不屈的日本兵时，曾一度感到了极度的震惊与不可理解。

无论是在过去还是现代，日本人对名誉都一样看重。因为，羞耻感早已被日本人纳入了道德体系，对日本人而言，知道耻辱就是德行的根本。考试落选，工作没有被录用或失业，感情失败，被人污蔑、欠别人人情而无法偿还，被他人或集体排斥，等等，于敏感的日本人来说，都

东京新宿的某栋大楼。窗边站着在里面工作的工薪族。© 千贺健史

是严重的名誉受损。他们往往不会因此而激发出强烈的斗志为自己正名或挽回，也因为其社会注重礼仪，不会表达出自己的意见和愤怒，反而，他们选择自我麻痹，生自己的气，任凭耻辱侵蚀自己的内心。由此，针对自身的极端暴力，就是自杀。于日本人而言，自杀是一种作为最后的无法撤销的反抗方式，不仅能以此洗刷自己的污名而获得身后好评，也能重申自己的主张以得到外界重视。

对重视雪耻和维护名誉的日本人来讲，他们非常重视自己的过错，所以在生活中，他们会将更多的精力放在如何避免让自己受辱上，因为

在现代社会，人们越来越不用面对面进行交流。在社交网络上，一些带有暂时的、不安情绪的无情的词汇，一直被很多人反复提及，这都在不知不觉中，向人们发送着影响彼此行为的思想病毒。© 千贺健史

受辱的结局，可能是要自杀。

日本的文学界，也常常以自杀事件震惊世界。如服药自杀的芥川龙之介，经历五次自杀最后终于和情人山崎富荣一起投河自尽的太宰治，以及含煤气管自杀的川端康成，等等。而作家中最为轰动的，是发起政变失败后，在日本自卫队总监室剖腹自杀的三岛由纪夫。

不仅如此，日本的小说中，还充斥着大量感伤和忧郁氛围的描写，他们从不避讳描绘一个阴郁到让人情绪僵滞的幽暗社会，而主角往往对生活、家庭、城市、乡村、社会等充满了厌恶与厌倦。或许，这反映了在日本社会和文化架构下，很多普通人的内心情绪。作家们的自杀事件和作品内容，似乎为社会的自杀开了一道鼓励与应许之门。

尽管从传统、历史与文化等社会角度，日本社会为自杀风潮提供了存在的环境，但千贺健史想要做的，是对这样的现象进行抗争，他力图想要打破这种阴郁病毒的传播和对社会的影响，鼓励年轻人学会从自己的角度来认真思考人生以及活着的意义。

按照加缪的说法，“真正严肃的哲学问题只有一个，那就是自杀”。但加缪说此话，并非是在鼓励人们自杀，相反，他是在说，人要在意识到生命短暂且注定会死的命运下，在认识人生实则荒谬的前提下，仍要起来反抗荒谬反抗命运，要对自己的人生负责。

在《西西弗斯神话》一书的最后一章，加缪将人们生活的荒谬性，与注定要再次滚落的巨石相比拟，以此告诉人们，在看清了未来绝望命运的情况下，仍旧要一头扎进生活，享受这一荒谬的悲壮过程，在抗争中体现人的尊严。

作为日本人，千贺健史不希望阴郁的社会病毒扩散，从而导致更多人的自杀。他这一系列的创作，正如日本明星中岛美嘉的一首歌《曾经我也想过一了百了》，都是通过对有自杀倾向的人经历的折磨、孤独、绝望的描述，通过对这一绝望过程的理解和共情，来鼓励人们继续对世界抱有期待，继续抗争，像西西弗斯一样，即便在荒谬与绝望中，也要继续努力攀登人生。

## 访　谈

**傅尔得：**你为什么会有拍摄《自杀潮》系列的想法？你拍摄这个系列的前提预设是什么？

**千贺健史：**2015年，我的朋友自杀了。在那之后，我就开始对自杀这个项目感兴趣并进行研究。但是仅聚焦在我的朋友，这个项目远远没有结束，因为我不想让它成为一个简单的自杀故事。因此，在2018年，后藤由美建议我为荷兰的布雷达摄影节（Breda Photo）做一个关于自杀的项目。那一年布雷达摄影节的主题是"超越无限（To Infinity And Beyond）"，就是那种"限制"促使我更新了这个项目。

**傅尔得：**通过这个系列的拍摄，你在对日本社会普遍存在的自杀现象的理解上有什么变化？

**千贺健史：**我原以为他们自杀的原因其实很简单，无非"霸凌""贫困""心碎""责任"等，但事实并非如此。在现实中，我们不能简单地说出一个让人选择去自杀的"理由"。正因此，这使得人们很难理解自杀的问题。

**傅尔得：**你认为目前日本社会少部分人选择自杀的主要原因是什么？这与日本社会的历史、文化等有什么关系吗？

**千贺健史：**在日本，这样的社会环境是基于日本独特的历史和文化。我认为人们自杀的主要原因，是家庭、朋友和社会，对他们所经历和承受的情绪等，都没有意识到或根本不了解。

**傅尔得：**能说说这个系列的拍摄过程吗？你要从哪些方面进行着手和呈现？你似乎做了很多的功课，如对自杀地点、档案资料、旧报纸，以及那些正经历自杀危机的人，等等，都进行了田野调查。你一开始都是以哪几条线来开展这个系列的？

安乐死的虚拟现实体验，让死亡比以往任何时候都更加无痛且美好。对那些面临困境的人来说，这是一种甜美的诱惑。与此同时，对那些认为自杀是件麻烦事的人来说，这是一个很好的鼓励。© 千贺健史

**千贺健史：**起初，我从研究和拍摄我朋友的自杀故事开始，我对他的父母和一些朋友进行了采访，此外，我还追踪了他的死亡之旅。在这过程中，我还分析了自己的自杀欲望是怎么产生的，以及是什么影响了我。那次旅行之后，我调查了过去及历史上很多引起人们模仿的自杀案例。因此，我去了那些事故发生的地方，去了乡村博物馆，到乡村办公室进行相关询问，还去了国家图书馆，甚至还在拍卖会上买了过去的旧资料。我还采访了那些对自杀进行支持的人，采访那些有自杀欲望的人，以及那些曾多次试图自杀的人。基于这些认识，我向各方就内容进

行了证实，并写了一篇约四万字的文章，内容是关于“那些灌输给人们的自杀选择”的概念，是在这些文字的基础上，我才开始展开拍摄。而且，我不专注于把照片拍得漂亮，也不在于要创造一个隐喻性的形象，我老老实实地拍摄了在我自己内心中所产生的自杀感觉，我用这些感觉来讲述我朋友自杀的故事，并试图对触发人们自杀想法的无形原因等进行分析。

**傅尔得：**你的拍摄聚焦于哪种类型的自杀者？你是否接触过试图自杀或找寻各种方法自杀的人？如果有的话，他们是否出现在你的照片

他在一家为被精神问题困扰的学生提供帮助的非营利组织工作，曾有一段时间，他自己也考虑过自杀。© 千贺健史

中？你有一些什么故事可以和我们分享吗？

**千贺健史：**那些不知不觉地试图要自杀的人，那些克服了自杀欲望的人，那些帮助别人自杀的人，那些在家人自杀后受到影响的人，那些阻止了家人自杀的人，那些说自己想死看似只是开玩笑但其实非常严肃认真对待此事的人，等等，他们都在我的照片中。有很多故事可以分享，比如在拍摄之初，我拍了一张一只手在堆积木的图片。与这位拍摄对象的交流，令我印象非常深刻，她对我说："当我发现我认识的人自杀时，我觉得自己似乎也被允许自杀了。"告诉我这件事的人，一年前就深陷于她熟知朋友的去世，尽管她不记得在那之前或之后发生了什么，但最后，她还是选择上吊。虽然，她被室友及时发现而幸存下来，但之后的很长一段时间里，她一直都被自己上吊时摔下来的声音、被抬上担架过程中的声音，以及被抬到救护车里的强烈记忆所影响。她告诉我，在过去的一年里，自己经历了很多挣扎。有一天，我在不知道这些的前提情况下，向她寻求拍摄方面的帮助，我问她是否可以拍她在玩堆积木游戏的样子。我本意是想用堆叠积木来隐喻一个人的心理健康状况，因为人们有时不知道自己会在什么时候就崩溃了，尽管如此，我们还是要拼命地生活。当她告诉我，她在过去的一年里是如何极度害怕一种类似于积木倒塌的声音时，我便跟她说，可以不用配合我的拍摄，没有必要把自己逼到极限，但她还是想要尝试一下。因此，每当她叠加积木到快要崩溃时，她就会重新调整一下它们的平衡，从而就可以继续向上堆叠。

**傅尔得：**日本有很多著名的自杀地点，比如青木原等，你认为这些自杀地点为什么那么有名？

**千贺健史：**最近，位于日本东京都葛饰区新小岩一丁目的新小岩站，成了一个新的著名自杀地点。媒体上充满了关于在火车到达前自杀者跳下去的消息，这引发了模仿式自杀。当下的日本，在互联网上，对于失去生活希望的人来说，"让我们在新小岩见面"这句话，变成了一种流行语。日本有很多类似这样的流行话语，意思是，我也很快就会死

了，所以，你也不要怕会死。这句话常常是人们出于善意而同情他人的感受，但这往往会鼓励对方自杀。这样，当人们死在一个著名的地点时，会有一种归属的团结感，给他们一种自己并不孤独的感觉。由此，日常的流行和对话，其实让我们创造了一个个关于自杀地点的神话，使得当人们想象自杀时，会无意识地回忆起发生过的那些故事以及地点。我曾写过关于青木原的文章。在松本清张1959年出版的小说《波之塔》中，有一个角色在青木原森林内自杀。由于1960年后，这部小说被改编成电视剧并搬上银幕，因此，"青木原=自杀"的认识便得到了更广泛的传播。那之后，每年都在青木原发现30到50具尸体，甚至已经有很多年，每年都有超过100具尸体在那里被发现。而2000年以后，大规模的搜寻尸体行动停止了，一方面是因为政府警政部门发现了太多的尸体，另一方面，是因为媒体对这些事件的报道，只会导致更多的人选择在那里自杀。即便如此，2011年，仍有121名计划自杀的人自杀未遂，所以很明显，这不再是一种"时尚"，而已成为一种常态。

**傅尔得：**你认为耸人听闻的社会自杀事件和名人自杀等，会产生社会的模仿效应吗？

**千贺健史：**会的，它们会产生典型的"维特效应"。这让那些企图自杀者，倾向于采取同样的行动。他们认为，自己会在死后的世界遇到那些著名的自杀者。但是，这其实让那些被同样问题困扰的人，得不到正确的方式去疏导。如果媒体做的报道可以被看作是一个美丽的故事，这只会让人们想要在他们的生活中经由这样的途径，也得到那些所谓的"美丽"。

**傅尔得：**在拍摄过程中给你印象最深的事情是什么？你对这一现象的担心的是什么？

**千贺健史：**当我开始和一个想要自杀的人预约拍摄时，同时也跟我的朋友们谈论了这个项目。后来，一个熟悉的朋友告诉我，在那之后他

曾动过自杀的念头。其实，人们一般不会与别人谈论自己想要自杀的想法，因为担心当谈论这类严重的问题时，会被人回避，也担心会让别人为他们担心太多，这在日本社会是一种禁忌，会让我们认为不应该与别人谈论自杀倾向，等等。这件事情，让我了解到“自杀”其实一直潜伏在我们身边。在拍摄的过程中，我基本上避免将他们作为有“自杀欲望”的象征。

**傅尔得：**在拍摄过程中，你如何看待摄影这种叙事方式？

**千贺健史：**我认为摄影是最灵活也最令人印象深刻的方式之一，因此，在处理微妙问题的影像时，会有一种危险，而我希望的就是避免这种微妙的影像对观者造成误导的可能性。因此，我会用一些文本来进行支撑。

**傅尔得：**你如何看待日本社会的自杀潮，你希望通过创作向社会传达什么样的价值观和态度？

**千贺健史：**我认为自杀潮不是仅在有自杀欲望的人群中产生的，而是产生在我们的社会。我认为重要的是要意识到，我们的日常用语、态度和行为，是产生自杀意识的一部分。同样，即使我们不能理解人们想要自杀的原因，但我们还是应该积极与他们进行沟通和交谈。我认为他们其实并不想死，而只是想从痛苦中解脱出来。我们应该思考的是，他们若不知道怎样使自己脱离苦楚，就没法得到安慰。

**傅尔得：**在这个项目的创作过程中，你曾与那么多与自杀有关的人、事、物等接触，这些也曾影响过你产生自杀倾向吗？如果有的话，你是怎么克服的呢？

**千贺健史：**的确，在做这个项目的时候，我有时会想到自杀。但是，在那些时候，我都会试着去思考“为什么我会有这个想法”“是什么影响了我”等等问题。之后我明白，我只是在想象通过自杀的手段逃避每一个艰难的处境而已，但死后的一切，真的存在吗？通过这样的自我问

答，我会渐渐冷静下来。

·原载于《城市画报》杂志2020年1&2月合刊，有改动

千贺健史（Kenji Chiga）

1982年生于日本滋贺县。他的摄影生涯始于大阪大学求学时，目前是自由摄影师。

他善于通过纪实作品研究图片的视觉叙事，还做了一些手工书。他的摄影书在日本备受策展人、评论家后藤由美的推崇。其摄影书《自杀潮》（*The Suicide Boom*）入围了2019年法国阿尔勒摄影节作者书奖，另一本摄影书《压抑之声》（*Suppressed Voice*）则入围了2019年卡塞尔摄影样书奖；2018年，他受邀参加荷兰布雷达（Breda）摄影节，其作品获得了镜头文化（Lens Culture）奖；2017年，他的摄影书《偶发》（*happen*）和《鸟，夜晚，然后》（*Bird*，*Night*，*and then*）入围了卡塞尔摄影样书奖。千贺健史近两年来频繁受邀在国际上参展。2018年，他除了荷兰的布雷达国际摄影节，还参加了墨尔本当代摄影中心的展览，同年，其个人作品展“自杀潮”于代官山摄影节举办。2019年，千贺健史获得大理国际影会“金翅鸟最佳新锐摄影师奖”。

# 8

## 安托万・达加塔 | Antoine d'Agata

## 封城下，他徘徊在虚空的巴黎

安托万・达加塔是一个行动者，哪怕这要冒着生命危险，克服心理上的恐惧。自2020年3月中旬法国因为疫情的暴发而封城开始，安托万・达加塔便一直睡在玛格南图片社巴黎办公室的沙发上，每天早出晚归地冲锋在巴黎的街头和医院里，持续两个多月所拍摄的《病毒》(*Virus*)系列，便是他对这场灾难所暴露的人类脆弱性的视觉呈现。

作为封城之下的逆行者，安托万・达加塔拍下了不同寻常的空荡巴黎。在我们的视觉经验里，上次看到如此的巴黎景象，还是在一个世纪前尤金・阿杰特的照片中，本雅明在《摄影简史》中对其有着如此解读："这些照片中的城市空如平地，仿佛尚未找到一个新的占有者。它们是超现实主义摄影的成就，预示着人类与环境之间的一种有益的疏远。"即便这些描述似乎可以同样用来形容安托万・达加塔的照片，但我们都知道，当下的现实语境已截然不同——一场全球暴发的疫情。

疫情冲击了全世界，巴黎自然不能幸免。在法国严厉的封锁下，学校停课、咖啡馆和餐厅关门、人们必要的出行也都保持着社交距离和特殊的卫生措施，在这危机四伏的环境中，安托万・达加塔选择运用热成像技术作为视觉语言，来描述和呈现其所身处的非常时期的社会状态。

封城，奥林匹亚德地铁站，2020 年 3 月 17 日；《病毒》系列
©Antonie d'Agata _ Magnum Photos

原本主要用在军事领域的热成像技术，在这场疫情中，已众所周知。这种技术能将人体发出的不可见红外波转变成不同颜色的可视化图像，因此热成像便成为各国在公共场所监测和定位体温异常者的重要手段。

在安托万·达加塔的作品中，热成像图像不仅穿透了城市的黑夜和建筑，而且剥离了人们的一切外在掩饰。被摄者无论是阶级、文化背景，还是信仰、种族等都千差万别，但这些都不被这种视觉语言所传达，只有一种信号被呈现出来，那便是热量。热成像作为一种视觉语言剥去了

封城，巴黎北站，2020 年 3 月 17 日；《病毒》系列；
© Antonie d'Agata _ Magnum Photos

人之间的差异性，在将其还原为一个个热源的同时，实现了将人最真切的存在进行可视化的隐喻。

在这种视觉之下，一切的不可见都变得清晰起来。在这个禁止互相接触的极端时刻，人与人之间的关系被反照出来，那些在虚空的巴黎如孤魂般游走的独行者，那些无法寻求庇护而只能继续流浪在街头的社会边缘者，都印证了安托万·达加塔所说的“与医院发生的无数悲剧来讲，街道上的空旷更加暴力”，那是一种人的社会属性被外力强行阻断的暴力，是一种社会例外状态下的个体被继续置于孤立绝望之中的

封城，巴黎古得多街区，2020 年 4 月 18 日；《病毒》系列：© Antonie d'Agata _ Magnum Photos

暴力。

在玛格南的摄影师中，无论是对个人生活的记录，还是对外部世界和人类现状的描述，安托万·达加塔都以其突出性和暴力主题的作品而著称。《病毒》系列延续了他在社会极端状态下对潜藏的暴力的视觉理解，以及他对经济、政治、文化、社会等在非常态下运行时的人类处境的观照。在战时状态中，他再一次用在场的行动，展现了玛格南一贯的勇气和道德担当，用视觉表达了自己的立场，而不仅仅是传达出在场的信息。

封城，巴黎里沃利大道，2020年3月20日；《病毒》系列；© Antonie d'Agata _ Magnum Photos

## 访 谈

**傅尔得：**您在第一时间拍下了封城期间的巴黎，让您冲在第一现场去记录巴黎的紧迫性是什么？

**安托万 · 达加塔：**在封锁的第一天，我就带了一个热感相机，走进了城市中。从3月17日到5月底，我每天都一遍又一遍地走在巴黎空荡荡的街道上，每天都工作十个小时左右，这期间我还接了《解放报》和《纽约时报》的委派工作。城市中的虚空令我着迷，让我有一种不断前进的动力。在当时的情况下，作为一个摄影师，我认为去体验无家可归

者们的极端脆弱是我的责任，我感兴趣的是人们在孤立和绝望下的生存状态。

**傅尔得：**可以跟我们说说在2020年3月到5月的两个月拍摄期间，您每天的工作和生活状态是怎样的吗？

**安托万·达加塔：**2020年3月初，在新冠疫情刚刚在欧洲暴发的最初几天，也就是巴黎被封锁的几周之前，我就每天徘徊在巴黎的街头了，在当时那种混乱的情况下，我走在街头考虑着应该采取什么样的态度来应对才是正确的。当时，政府、医生和警察都在发号施令，要求人们遵守规则，而摄影师、艺术家、文化工作者等都待在家里。我立马便意识到，并不是只有医疗系统受到了威胁。我搬到了玛格南图片社空无一人的办公室里，在那里住了三个月，每天清晨或深夜，我都游荡在巴黎这座废弃般的城市中，在拍摄空荡荡的街道的同时，我得以观察了这座城市的新的心理地理：焦虑和逃离中的行人，被强制保持的身体距离，无处寻求庇护的痛苦等。我四处搜寻那些处于社会生活边缘的人，那些无家可归者、瘾君子、妓女等，他们无法获得物资，只能继续流落街头。在那些日子里，我看到他们变得更有攻击性，而同时压制也加剧了。我边走边拍，如此持续了两个多月。

**傅尔得：**拍摄《病毒》（*VIRUS*）系列并不是您第一次使用热成像设备，您之前在好几个项目的拍摄中就使用过这种方式。可以说说这次使用热成像方式拍疫情的原因吗？

**安托万·达加塔：**这的确不是第一次，我第一次尝试这样拍是在2015年巴黎遭遇恐怖袭击之后，我用这种方法拍摄了在清真寺、教堂、寺庙、犹太教堂等礼拜场所的宗教仪式，以此来对抗大家对宗教既定的认识，从而试图理解信仰的无形本质。在巴黎因疫情封锁的前几天，随着紧张局势的加剧，我试图去捕捉各种社会角色，如医生、警察、记者、政客、保安等，但这很令人沮丧，因为我渴望的不仅仅是记录事物的表

面，而是想要超越表象去观察现实。我面临的挑战是，如何对一个极端但并不壮观的情况做出有意义的描述，如何体验和记录那些潜藏暴力但肉眼却看不见的现实。因为我面对的是无形的病毒，热成像图像似乎可以成为一种得以观察它的方法，这项技术最先是由天文学家发明并由军方开发的，但我认为我的图像具有深刻的政治色彩，我用了一个非常基础的相机，它的成像质量非常差，在那些800像素的低清晰度照片里，有一种激进态度，与其说是美学的，不如说是政治性的，我并不是要创作出精美的图像，而是要进行一系列的强度转换。尽管设备很简单，但其所拍出的图像却超出了单纯的测量意义，其所测得的热量反映了对病毒的抵抗和生存的欲望。拍出来的图像不仅被像素化，而且几乎是抽象的，这能让我以一种有形的形式来理解身份和社会背景的消解，去捕捉暴力、紧张和身体的崩溃等。同时，它也将人们描绘成了抽象空间中的无面人物，由此，拍摄也成为一种对人的存在本质进行探索的工具。

**傅尔得：**在那两个月期间，您跑了法国好几个地方的医院，促使您克服恐惧冒险跑到医护一线去拍照的动力是什么？街道和医院的场景使当时身处其中的您产生了哪些感受？

**安托万·达加塔：**我很害怕，每个人都很害怕，但我相信，作为一名摄影师和人类共同体中的一员，我的责任就是出现在任何社会事件发生的地方。我在法国的波尔多、马赛、阿让特伊、南锡和巴黎这五个城市的九家医院拍摄过，也拍摄了这些地区的医疗或急救中心、停尸房和养老院等地。我被允许进入一些医院内日夜拍摄，也曾两次被允许进入波尔多和南锡的医院的重症监护室内拍摄。从某种程度上来讲，与医院发生的无数悲剧相比，街道上的空旷更加暴力。因为在街道上，当时不再有任何身体之间互相关联的行为，也不再有任何形式的社会纽带，人们被遗弃在各自的孤独中。但在医院的重症监护病房里，我发现人们的身体之间还是有某种充满仪式感的关系。躺在床上、身上插着管子的身体，在黑暗的背景下分离成了光谱，他们在热成像中所溶解成的明亮而

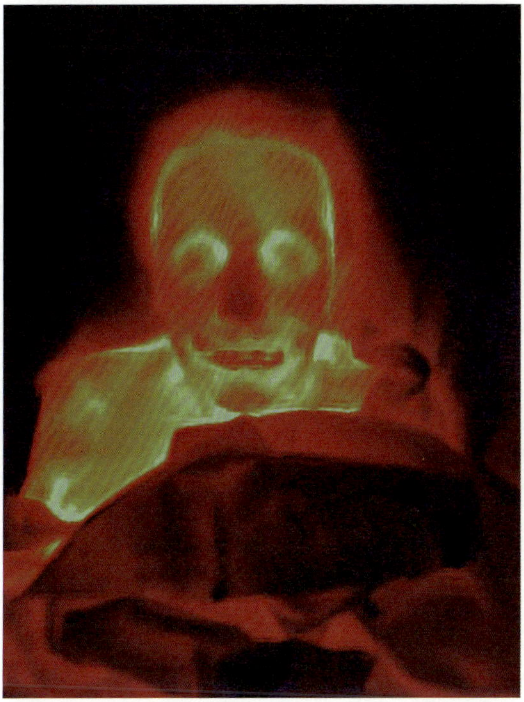

波尔多医院，2020 年 4 月；《病毒》系列 ©Antonie d'Agata _ Magnum Photo

抽象图案，呈现了生命的脆弱，以及人类面对疾病和苦难时的绝望。但无论在城市还是在医院，人们都陷入了沉默，到处都是躺着的人和祈祷者。城市和医院这两个世界似乎以一种奇怪的方式在进行着对话，在荒无人烟的城市里，现实已经变得抽象，身体和建筑在热成像的透视中更加孤立地在一种深不可测的抽象中，孤独的人们在一个几乎不适宜居住的空间挣扎着，无家可归的人拼命求生，他们似乎成为这个世界仅存的活人，这是一个更加暴力的过程。相反，在医院的画面中，除了悲剧的病态，还存在着怜悯、关怀和同情。

**傅尔得：**我们知道，您经常抵达冲突与动荡的现场，比如位于孟加拉国的罗辛亚人难民营、利比亚的监狱和曾发生过大屠杀的地点等。与那些地方的暴力相比，您这次在拍摄新冠疫情现场的过程中，心情和所关注的焦点有什么不一样？

**安托万·达加塔：**我的照片是为了对抗我们所熟知的摄影概念，我想要打破一个舒适的假设，即摄影只涉及凝视、构图或光线，然而摄影不只是看的问题，它还是行动的语言。真正的危险来自舒适，如身体和精神的舒适，作为一个真切的存在者，我别无选择，只能参与到这场疫情产生的动荡中，而摄影是我讲故事的方式，因为它是我在体验世界的瞬间所创造的唯一艺术。我认为当代世界的生活是某种潜伏的内战，经济压力、社会不平等……都和我所见过的最严重的冲突有着一样的残

封城，巴黎元帅大道，2020年4月1日；《病毒》系列 ©Antonie d'Agata _ Magnum Photos

酷和无助。当下，我们正被消费主义的逻辑所异化，正日复一日地成为自己生活的旁观者。因疫情而产生的宵禁、管制、民众的恐惧、医院里死亡人数的不断累积等，就像是一场即将到来的战争的序幕，我感受到了威胁、被误导和被操纵，就像我们在战争时期一样。暴力仍是我们社会运行的重要一环，而疫情危机则加剧了个人、社会阶层、国家等之间的差距。

**傅尔得：** 在整个疫情期间，在面对这个前所未有的事件的过程中，您是如何在拍摄和保持自己的心理健康之间取得平衡的？

**安托万·达加塔：** 我们通常会拒绝面对由一种看不见的病毒所引起的生理上的死亡，或由支配我们的社会逻辑所引起的社会性死亡，而生理性和社会性的生命，在疫情当下正如哲学家阿甘本所说的“裸命”——人类在生理和社会上都退化到其最基本的形态。拍摄《病毒》系列是一种姿态的展示，这是一种非正常的艺术姿态，是我在完全缺乏经济条件或机构支持的情况下所进行的创作。我日复一日地面对着暴力的孤独和脆弱，这对我的精神状态来说是一种沉重的负担，它激起了我的愤怒、恐惧、偏执、极度疲劳等，我努力从对世界的恐惧和自己的疯狂工作中寻求平衡，不管身体上或精神上受到了什么伤害，我都没有想过要放弃拍摄。疫情期间，在城市封锁下，我拍了约13,000张图片。在生理死亡和社会死亡的诅咒面前，行动可能注定会失败且毫无意义，但它是阻止我们坠入虚空的解药。

**傅尔得：** 疫情的到来，您生活和事业中的哪些方面被根本性地改变了？

**安托万·达加塔：** 应该也没有什么特别的变化。艺术行为即是存在本身的行为，我的艺术一向都是一种单纯的、孤独的、对真理的追求，是对感觉、经历和遭遇的无尽探索。面对自己的极限恐惧和欲望，我不断地运用着各种可能的策略来应对。我将继续在如宗教、奇观、恐惧、

理性等抽象的力量和如感觉、痛苦、狂喜、本能等肉体的本能之间进行斗争，只要我还有力气，我就会把自己更深地沉浸在生活的疯狂之中，拒绝安逸。我要继续挑战社会、精神和物质的边界，这需要自律和清醒。

**傅尔得：**就您个人的思考和判断来看，疫情会对社会及世界产生什么样的影响？

**安托万·达加塔：**我想我会从政治的角度，从对个人自由抑制的角度，从经济秩序和阶级斗争的角度等方面来理解这场疫情，这不仅仅是一场医疗危机。我不清楚它对社会的精神影响，也不清楚它将如何影响我们人类，但我关注当下的恐怖。对这一流行病的哲学或政治层面的思考必须以理性或现实为基础，我们担心的与其说是疫情暴发的后果，不如说是我们不敢面对的现实。我不是能够提出有建设性意见的专家，但我进入了大多数人都不敢进入的地方，看到了大多数人都不愿看到的东西。我在痛苦、恐惧、欲望和转瞬即逝的激情中发现了一种美，以我所能做到的最精确和最原始的方式，表达了手无寸铁的人们身心难以承受的负担，那些除了自己的生命外一无所有的人，其实是被剥夺了生存权利的。活在当下的世界，是在和我们不愿面对的痛苦并存，是活在一种缓慢死亡的状态中，因此，我们拼命在寻找一种麻醉或娱乐，以避免去感受那些痛苦，以回避恐惧。这个世界正慢慢地以我的作品中所展现的暴力形态现形，这暴力让我感到害怕，但我也很荣幸能亲身体验这个世界的恐怖。

·原载于《城市画报》2021年4月刊，有改动

安托万·达加塔（Antoine d’Agata）

1961年出生于法国马赛，摄影师、电影导演。2004年加入玛格南图片社，自2005年以来，一直工作、生活于世界各地。他经常拍摄自己的生活经历，此外，其作品还大量涉及边缘群体的禁忌主题。

# 9

## 埃文·奥拉夫 | Erwin Olaf

## 历史，造梦的材料

埃文·奥拉夫（Erwin Olaf）在60岁之际，迎来了人生的巅峰之年。在其祖国荷兰，海牙市立博物馆和海牙摄影博物馆正在对其40年的创作生涯共同进行重要的回顾展出。继而是位于阿姆斯特丹的荷兰国立博物馆，该馆也于2019年夏天为其举办个展。不止如此，远在亚洲的上海摄影艺术中心，也正在为其举办名为“平行：埃文·奥拉夫”的个展。

上海摄影艺术中心侧重展示了埃文·奥拉夫最近15年创作生涯中的50件作品。此次展览的策展人，上海摄影艺术中心的艺术总监凯伦·史密斯（Karen Smith）女士，对展览名称做了这样的阐释：“‘平行’指的是奥拉夫作品中的高超的风格塑造、丰富的视觉体验与编导的舞台感下的自传性叙述之平行共生。”

奥拉夫从不直接拍摄现实，他只从自身的经历和想象出发，创造属于他自传性的独特视觉世界。

特别是2001年以来的作品，不仅与其早期的创作风格大相径庭，而且作为早已建立起国际知名商业摄影师声誉的他，更在创作中发挥了驾驭图片的优势：奥拉夫不仅能为每一幅照片量身打造出剧场般的场景，而且能精准地控制画面的质感。在此视觉风格化的基础上，奥拉夫

或以自己，更多时候则找来模特，以其身体、姿势、眼神、表情等的不同变化或押韵式叠加，来呈现诸多人类的困境与抽象情感：绝望、孤独、欲望、忧郁、等待、悲伤和愤怒等。浅淡的色彩，如石膏像般的人物，都在他所塑造的宁静氛围中，让时间凝固。而同时，他的静态画面在把人轻轻吸引住后，其所散发的情绪，则会如旋涡般，再将人猛地往旋涡深处拽去。

奥拉夫创造了属于自己的视觉语言，但他也毫不讳言，其中不仅融入了诸多现当代画家、摄影师的经典视觉元素，更遗传了17世纪荷兰黄金时代绘画大师们的DNA。也由此，他在2011年获得了维米尔奖（Vermeer prize），这是个以黄金时代绘画大师约翰尼斯·维米尔（Johannes Vermeer，1632—1675）命名的奖项，是荷兰政府所授予的最重要的文化奖项之一。奥拉夫的作品深深根植于荷兰绘画的视觉传统，特别是承袭了维米尔对光线的运用。而奥拉夫在荷兰国立博物馆的个展，还展出了由他挑选的25幅过往摄影师们的经典作品，以表示对曾给予过他启蒙或灵感的来源的珍视。

除此之外，奥拉夫在后期创作中还有一个很重要的特点，便是对历史的引用。他如导演般，打造一段特定时空的场景，借用所打造时代的特有历史意涵，或为其创作打下基底和调性，或将当下跟历史对比产生反差，最终，都拉长了瞬间照片的时间维度，增加了单幅画面的内涵。

和绝大多数影像创作者一样，奥拉夫早期的个人创作，也是从模仿、借鉴开始的，但他能在一开始就突破了平庸、蹩脚的模仿，展现了对图像的个性化把控。1985年奥拉夫第一次个展的作品中能看出罗伯特·梅普尔索普（Robert Mapplethorpe，1946—1989）对其产生过强烈的影响，奥拉夫以简洁的黑白图像，大胆裸露的身体，展现了强烈的欲望和情欲张力，如此对身份认同的声明、对社会框架的突破表达，使其脱颖而出。1988年，他更是以《棋子》（*Chessmen*）系列获得了青年欧洲摄影师竞赛大奖，由此跃上了国际舞台。这一次，他展现了乔-彼得·威金（Joel-Peter Witkin，1939—）式的巴洛克风格，以国际象棋中

新克尔恩浴池—2012 年 4 月 23 日，2012；© 埃文 · 奥拉夫，鸣谢玛格达 · 唐妮诗画廊

XXIV,《棋子》系列，1988；© 埃文·奥拉夫，鸣谢玛格达·唐妮诗画廊

双方共32枚棋子为灵感，找来了畸形人、肥胖者、侏儒等极端类型的社会边缘人，用捆绑、装扮、角色表演等方式，共拍了32幅作品，从阶级、种族、性别及宗教信仰等方面，不仅表达了他对人性丰富的理解，更展示了他对社会禁忌的挑战和对人类处境的关怀。

如果说，奥拉夫早期的摄影大多处于喧嚣、炽烈、夸张、充满攻击性的情绪状态和节奏中，那么，到了2001年之后，其作品似乎已到了火山喷发后的冷却、平静期，由热烈转向舒缓，以一种宁静、内敛、深沉的风格，将关注点转向了人类情感中脆弱的一面，以及当今社会中无法

言喻的一面。

此次在上海摄影艺术中心展览中的作品，绝大多数便是其后期的作品。作品风格的变化，伴随着奥拉夫人生经历和心境的转折而来。2001年的奥拉夫，在刚过了不惑之年后，结束了一段长达23年的感情，而早先于1996年检查出来的肺气肿也一直伴随着他。年岁的增长、身体的脆弱加上生活的变动，将奥拉夫的创作引向了对人的脆弱性及情感发生变化时人们在行动和反应之间徘徊的状态。不仅如此，当年爆发的“9·11”事件，使得“二战”后出生的他，强烈感受到了美国主导的世界秩序正在发生的变动，这变化使他深入思考当前世界的衰退及固有秩

肖像01—2012年4月22日，《柏林》系列，2012；© 埃文·奥拉夫，鸣谢玛格达·唐妮诗画廊

序的脆弱。

由此，他展开了一系列新的创作。2004年的《雨》(*Rain*)、2005年的《希望》(*Hope*)和2007年的《悲伤》(*Grief*)系列，以描述人们处于情感反应的中间状态的三部曲形式出现，展现了在受到外部冲击后但还未作出反应前，人们的情绪凝固在爆发前那一刻的停顿、犹豫、不知所措的状态。以美国20世纪50年代为背景的情绪三部曲，是奥拉夫由“9·11”事件发生后，对“二战”后由美国引领的自由民主新世界前途的担忧。这三个系列，不仅是在单纯表达人们在行动和反应之间徘徊的情绪，更深沉地表达了奥拉夫对处于变动中的世界的看法。

在这之后的城市三部曲中，奥拉夫更深一步表达了对世界局势的担

格蕾丝肖像，《悲伤》系列，2007；© 埃文·奥拉夫，鸣谢玛格达·唐妮诗画廊

肖像02，《黎明》系列，2009；© 埃文·奥拉夫，鸣谢玛格达·唐妮诗画廊

忧。2012年以德国柏林为主题的《柏林》(*Berlin*)系列，2017年以中国上海为主题的《上海》(*Shanghai*)系列，以及2018年拍摄于美国科罗拉多沙漠旁的绿洲城市《棕榈泉》(*Palm Springs*)系列，这些系列的拍摄，是奥拉夫在个人创作上第一次走出位于阿姆斯特丹的个人工作室，而前往所拍摄城市实地搭建场景拍摄的开始。随着年岁的增长，奥拉夫关注的重心，逐渐由自身内部转而向外介入当前的世界发展。在旧的世界秩序正逐步瓦解，新的秩序在建立的过程中，一个退化且问题重重的欧洲，正在衰落且日益封闭的美国，以及处于爆裂增长但盲目乐观的亚洲，以一

淮海 116—静物，《上海》系列，2017；© 埃文·奥拉夫，鸣谢玛格达·唐妮诗画廊

种世界权力正在缓慢发生转移的视觉图景，呈现在奥拉夫的视野中。

奥拉夫以城市三部曲，将他对世界的理解，用视觉翻译了出来。结合他早先拍摄的情绪三部曲来看，两个三部曲虽然创作动机和指向性不同，但都营造了一种欲转变而未变的中间状态，它们释放出一股强大的凝固力量，犹如奥拉夫用魔法设置了一个梦魇，让人掉进错置的时空之中，虽内心在焦虑、恐惧中挣扎，而身体却又动弹不得。显然，奥拉夫看到了这种危机，作为一位艺术家，他的职责并非要对这当前的情势作出判断，而是不停地去思考，将诸多疑问以自己的语言呈现，予时代以

回应。

历史，成了奥拉夫的造梦材料。奥拉夫后期的作品呈现出了明显的共性，除了画面基调的安静、平和外，还有对不同历史时空的引用。他以场景的搭建，模特的服装、造型、妆容等的选择，创造出一个带有固定意涵指向的历史时期，借用过去审视当下和未来。

奥拉夫所选择并搭建出来的时空背景，不负期望地将特定的时代精神呈现出来。如奥拉夫自己坦诚，《雨》《希望》和《悲伤》系列，都以20世纪50年代的美国为背景。奥拉夫曾为这个时代的美国而着迷，大部分原因是基于美国为“二战”之后的世界创造了诸多的自由，不仅如此，奥拉夫在大量的书籍、绘画和电影中，看到了一个引领世界经济、

理发店，《雨》系列，2004；© 埃文·奥拉夫，鸣谢玛格达·唐妮诗画廊

政治、文化蓬勃向上发展的美国所带来的美好希望。他曾从插画家诺曼·洛克威尔（Norman Rockwell）那里获得了关于理想美国的甜美、乐观的印象。这三个系列中，室内的装饰、模特的发型和服装等，都复制于那个年代。而因着"9·11"事件的发生，奥拉夫将自己所受到的冲击，借着20世纪50年代的外壳表达了出来。这几个系列中的人物，要么两人同在一个画面却呈现出没有交集的疏离，要么孤单一人却瘫痪在悲伤和失落之中，犹如他所熟悉的美国画家爱德华·霍珀（Edward Hopper）所呈现的迅速发展的美国大都市中人们的孤独与关系的疏离。奥拉夫的作品中的人物全都置身于20世纪50年代蓬勃向上期的美国，他以

冰激凌店，《雨》系列，2004；© 埃文•奥拉夫，鸣谢玛格达·唐妮诗画廊

灵欲春宵，《德拉玛》系列，2009；© 埃文·奥拉夫，鸣谢玛格达·唐妮诗画廊

时代反差，来表达在美好过去已不复存在的当下，大多数人还不知如何做出反应的状态。

对历史时代的引用，在城市三部曲中表现得更为明显。《柏林》系列引用了两次世界大战之间气氛紧张且战争在未来一触即发的魏玛共和国时代，《上海》系列引用了20世纪上半叶上海租借时代的建筑和场所。此次上海摄影艺术中心的展览，着重展示了《柏林》系列，而《棕榈泉》系列的作品虽然此次未展出，却也因为三部曲而受到不少人的关注。《棕榈泉》系列是在洛杉矶不远处的沙漠绿洲城市中拍摄的，奥拉夫借用气候变化、种族歧视、少女怀孕、宗教迫害等意向，隐喻了美国在当前情势下日益封闭的趋势和事实。

城市三部曲虽然各自表达了他对不同地域发展的不同隐忧，但都关注了成人与小孩之间的关系，小孩与发展、未来相连，而成人、小丑、

老人则与历史的真相有关，代与代之间的权力传递，表达了旧世界为新世界让路的全球景观，但前景究竟是进步还是后退，却如奥拉夫的作品所呈现的，处于一片茫然中。

奥拉夫通过引用某个时代，让我们来对抗遗忘，并让我们换一个角度和眼光看待今天，以寻求对人类困境的理解，在历史中重新发现当前发展的意义，以及在此情况下再次思考我们是谁，由何处而来，将到哪里去。

在马克·吐温（Mark Twain，1835—1910）看来，历史虽不重复自己，但它押韵。拿破仑则将历史理解为寓言故事，而起草了《独立宣言》且就任过美国第三任总统的托马斯·杰斐逊（Thomas Jefferson，

福 1088—肖像 03，《上海》系列，2017；© 埃文·奥拉夫，鸣谢玛格达·唐妮诗画廊

1743—1826）则认为：一点点真实的历史如此难得，因而它永远有价值。奥拉夫看中历史的价值，因此会在创作中不断地对其进行引用，这或许是他对年轻人忽视、忘记历史的担忧，正如他在创作《上海》系列时所担忧的：一个充满了进取心但毫无耐心，急于大跨步向前且认为过去无关紧要，如此盲目发展的集体状态。

我们应该珍视这种提醒，这或许不能给我们答案，但至少给出了建议，让我们去正视，去面对自己要走的路。对于自己，奥拉夫每隔十年都会以自拍的方式进行自我审视。从他最早1985年26岁时的自拍，到他在10年前迈入50岁时的自拍，都展现了他真实的人生轨迹：他从一个关注自我，个性张扬、情欲旺盛、肌肉发达、反叛社会规则的年轻人，逐渐成了一位关注外部世界，同时也关注身体健康，正视自身疾病，与焦虑和恐惧达成和解的平和成年人。

作为一名曾经的报道记者，以及日后成功的商业摄影师，奥拉夫都不曾在这些角色中得到满足。让他完全享受自我的，便是他经由商业摄影所得到的经济独立基础上，所开辟出的一块独立的天地，由此，他能不受制于任何他者的意见，只为自己的经历和想象负责，最终创造出一个独特的视觉世界。

## 访　谈

**傅尔得：**您曾说过，您的摄影源自您自身的经历和所幻想的世界。您并非纪实类的摄影师，但您拍的内容都是自己和周遭的世界，而这世界将我们带离到日常生活之外。您是如何在编导式的摄影和捕捉现实之间找到平衡的？我可以用这样的思路来理解您这次在上海摄影艺术中心个展的标题“平行：埃文·奥拉夫”吗？

**埃文·奥拉夫：**我正是通过编导式的影像来捕捉社会和我自身的现实的。我照片中的主题通常都是一直循环在我脑海中的一些想法，或是世界正在发生的事，或是我周遭的环境。我所要处理的主题或问题

肖像 5，《希望》系列，2005；© 埃文 · 奥拉夫，鸣谢玛格达 · 唐妮诗画廊

等并不粗浅或简单，因此，为了掌握这些，我要把它们翻译成我自己能够理解的语言，并将其呈现给观众，而对我来讲，这种语言就是舞台摄影。作为此次个展的主题“平行”，其意思可以用不同的方式来进行解释，一种就是我的所有的作品，它们的关系是平行的。另外，我每拍一个不同的系列或主题，都是在呈现一个新的世界，一个新的环境，但不同的作品之间，其背后有着某种相似性，观众可以发现它们之间的平行关系。

**傅尔得：**您作品大都融合了摄影和绘画，正如我们所知，您的肖像和静物作品都深深地根植于荷兰传统绘画，特别是黄金时期的大师们如伦勃朗、维米尔等的作品，您对这些文化遗产展现了很大的兴趣，外界认为你成了传统绘画和当代影像创作者之间的一座桥梁，您自己怎么看？

**埃文·奥拉夫：**古代荷兰绘画大师们非常有趣的地方是他们的用光能力，他们可以通过光线来营造情感并同时画出美丽的构图，这是我一直感兴趣的事情。在我早期的摄影生涯中，我很少使用灯光，就像以前的大师们一样，他们通常只用一个光源，到了最近，我常在委托案的拍摄中被要求重建这种氛围。荷兰有着非常丰富的绘画史，它成为很多人灵感的来源。在我看来，你刚才所称谓的“桥”，就是光的语言。荷兰历史文化对当代的影响，除了一直以来不断被运用的服装、环境等之外，还有对光的认识和运用，这连接着所有的视觉艺术家。

**傅尔得：**在即将于荷兰国立博物馆举行的个人回顾展上，您计划挑选25张前辈摄影师们的老照片进行同时展出。我想知道那些在您成长过程中对您很重要的摄影师中，您现在对谁比较感兴趣呢？

**埃文·奥拉夫：**现阶段，我更感兴趣的是那些能创作出包容多种媒介的艺术家，但在过去，经典作品对我的影响非常大，比如：贝尔纳·弗孔（Bernard Faucon）、曼·雷（Man Ray）和赫尔穆特·牛顿

锁眼#8,《锁眼》系列，2012；
© 埃文·奥拉夫，鸣谢玛格达·唐妮诗画廊

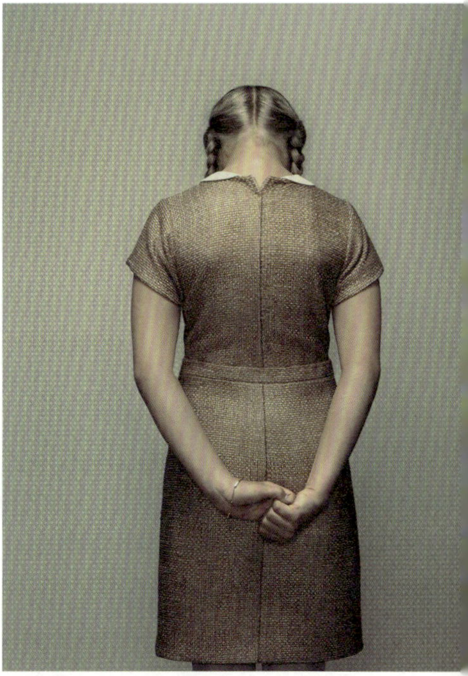

锁眼#3,《锁眼》系列，2011；
© 埃文·奥拉夫，鸣谢玛格达·唐妮诗画廊

（Helmut Newton）等，此外，还有很多人也对我很重要，比如像费里尼（Federico Fellini）这样的电影导演和大卫·鲍伊（David Bowie）这样的艺术家。

**傅尔得：** 您创作的关于三个不同的城市：柏林、上海、美国的沙漠之城棕榈泉的三部曲系列，有点类似您在2009年创作的标志性自画像《我希望，我现在，我将是》(*I wish*, *I am*, *I will be*)，它们都是根据时间轴的发展而进行的。您如何看待繁荣和衰退这些不同的状态？如何处

肖像01,《黄昏》系列，2009；
© 埃文·奥拉夫，鸣谢玛格达·唐妮诗画廊

理这种权力转移？而您最大的恐惧又是什么？

**埃文·奥拉夫：**让我从你刚才所提的最后一个问题开始回答。我最大的担心，就是新世界将把旧世界抹去，而这将不会是一种进步。正如你在上海大多数地方看到的那样，旧的事物不得不以一种令人担忧的冷酷无情的方式为新事物让路。如果这是一种改进，那很好，但如果只是为了经济利益，那很可悲。我们应该永远敬畏过去，不要忘记过去是什么。通常来讲，衰退会紧随繁荣而来，这感觉是像在火山旁边跳舞，就好像是人们就算知道事情将要结束，但还想要做最后一次尝试。我在很多城市都有这种感觉，我试图要展示这种转变。权力转移总是存在的，这是一个持续的事情。

**傅尔得：**您曾说过："我最想要展示的，是一个有裂缝的完美世界。我想把画面做得诱惑性十足，先把人们吸引到故事中来，然后再给他们来上一拳。"您的作品中不仅有暴力、忧郁、孤独、权力游戏等元素，也展示了身体的能量。您认为这些情绪在您的作品中的作用是什么？它们是您所要呈现的裂缝吗？

**埃文·奥拉夫：**如果我正确地理解了你刚才所说的问题，那么答案是否定的。诱惑其实在于画面的外部，我想用所创造的图片的美，如光线、氛围、构图等来吸引观众。一旦我吸引了他们的注意，一旦他们

“上钩”之后，我希望作品的其他层次能进入他们的视野，而我将之描述为一拳。面对那些有着自己观点和看法的观众，这个层面就不一定是漂亮的东西了。情绪在摄影中的作用是一个棘手的问题。通过创造一个甜美或忧郁的形象来唤起一种情感是很容易的，但如果你想要诚实一点，那就更难了。此外，我还创作了一些系列，如我的另一个三部曲：《雨》《希望》和《悲伤》，它们是对情绪的研究，是对人类情感细微状态的研究。悲伤是什么，震惊是什么，而某些手势又意味着什么，等等，都是我对情绪的研究。

**傅尔得：** 您在1996年时被诊断出有肺气肿，身体的健康状况有曾影响您对艺术创作的看法吗？这是否成了从那之后您创作中的一条隐性线索呢？

练习，《希望》系列，2005；© 埃文·奥拉夫，鸣谢玛格达·唐妮诗画廊

**埃文·奥拉夫：**我的身体状况和创作是密不可分的。最明显的是在你之前所提到的那幅自画像《我希望，我现在，我将是》中，但也存在于我所有的其他作品中。身体的状况对我的日常生活，以及我对事物的感知有很大的影响，当然这也都会转化为我的创作，我已经接受了我的缺陷和命运。当然，这也带来不好的影响，比如，由于健康状况，我被迫取消了我导演的第一部长片的首映。

**傅尔得：**您之前一直说要在创作中追求一种视觉自由的状态，能详细谈谈您对自由创造的理解吗？

**埃文·奥拉夫：**对我来说，视觉自由是现实生活自由的延伸，我非常相信平等、言论自由等，所以很自然地，当我看到不应该出现的界限时，就觉得有必要对此发表评论，然后通过我的作品来表达。我发现社会上存在着这样一种共识，那就是媒体可以走得更远一点，但偶尔需要被管制，或者是自我管制，而对我来讲，这并不是一种正确的反应。

**傅尔得：**2019年是您的重要年份，您不仅将迎来60岁的生日，而且很多博物馆都在为您举办大型回顾展。除了这次在上海摄影艺术中心举办的个展“平行”外，您的祖国荷兰包括荷兰国家历史博物馆在内的三个美术馆都将为您举办个展。您常提到，随着年龄的增长，您的想法和兴趣也在发生相应的变化。能和我们分享一下这些年您的一些重要变化吗？

**埃文·奥拉夫：**如果你看看我的整个作品，就会看出一个巨大的转变。我从一个吵闹的、寻求关注的，也即从一个想要被关注、想建立声誉的艺术家，转变成了一个更善于思考的艺术家，一个在创作中处理失去、年龄、悲伤和变化的艺术家。我的作品少了一点尖叫，多了一些耳语，但或许仍是在说同样的话。所以，可以再一次说，这也是某种“平行”。

**傅尔得：**对于《上海》系列，您想要以此跟中国观众发生什么样的对话？

**埃文·奥拉夫：**我一直有一种感觉，那就是中国的传统非常强大。我希望他们今后继续回望过去，而不仅仅是向前看。整个城市似乎都在经历一股心血来潮的改变，旧的被推开，给新的时代让路，我不知道这是否是最好的。因此，如果要跟中国观众对话的话，我想应该是关于旧的世界为新的世界让路等问题。

·原载于《中国摄影》杂志2019年4月刊，有改动

埃文·奥拉夫（Erwin Olaf）

埃文·奥拉夫，1959年出生于荷兰的希尔弗瑟姆（Hilversum），目前工作、生活于阿姆斯特丹。埃文·奥拉夫以其高度风格化、大胆且带有煽动性的作品来处理社会问题和禁忌而闻名，且其擅长用精心设计的场景和戏剧化的灯光，以电影般的方式来展现图像。埃文·奥拉夫曾凭借其《棋子》（*Chessmen*）系列获得1988年欧洲年度摄影师奖，从此登上国际舞台。他的作品在世界各地的博物馆和画廊展出，且被阿姆斯特丹市立博物馆、科隆的路德维希博物馆、乌得勒支的中央博物馆以及其他艺术机构所收藏。

# 10

## 卡特琳·科宁 | Katrin Koenning

## 影像呈现的在场与缺席

作为澳大利亚近几年来最热门的新锐摄影师之一，在刚刚过去的影像上海艺术博览会（PHOTOFAIRS Shanghai）上，澳大利亚非营利性的展览和教育中心——当代摄影艺术中心带来了卡特琳·科宁（Katrin Koenning）的视频作品。11月即将在巴黎举行的摄影界名声最为鼎盛的巴黎摄影博览会（Paris Photo）上，卡特琳·科宁的代理画廊会呈现她的个展。而在这次访问进行的过程中，我也感受到了她如连轴转的日程，刚忙完摄影大师班工作坊的讲课，就要赶赴欧洲两个不同国家的个展开幕。

卡特琳·科宁其实是一个德国人，25岁时她从德国移居到了澳大利亚，移民的经历为她的创作提供了源源不断的灵感。

从很多艺术家的人生经历来看，时刻保有距离感一直是他们创作生涯中的珍贵礼物，毕竟，处于异地环境中的思考更能让人看清楚自己，以及自己和他人及原生地之间的关系。在异地环境中所受到的不同文化的碰撞，加上处于退一步的远距离状态，更能清晰地将暧昧和混沌进行聚焦。

卡特琳·科宁的作品主要围绕着她生活中切实存在的距离感展开，

《雷克山》（*Lake Mountain*）系列，2010—2018；© Katrin Koenning

作为一位移民，与原生国有形和无形的联系，一直处于“中间”的身份状态，对家庭关系、归属感的探索和确认等，都成了她创作的兴趣和动力所在。而她创作的另一兴趣点，是人类跟环境之间的关系，这依然是源于她的生活经验，她的成长过程一直与自然保持着紧密的联系。她大部分的作品，是对以上问题所进行的探究。

与初期的创作相比，卡特琳·科宁的作品呈现从叙事和纪实性转向了更为抽象和情绪性的状态，现在她更偏向于架构一种介于真实和虚构之间的情绪，将她的个人经验和情感转化成影像，更重要的是，她越来越擅长于展现图像中的缺席部分。

到澳大利亚不久的2005年，卡特琳·科宁开始了她的第一个长期项目《临近》(*Near*)系列的拍摄，往返于德国和澳大利亚之间，她通过记录家里发生的一些重大事件，如家人自杀或亲人因病离去等事件，以及生活中的日常等，将不同职业和人生处境的家人之间的亲密与爱，以及归属等问题进行了呈现。而从2007年到2015年，卡特琳·科宁花了八年的时间，将《临近》系列进行了演化，用更为情绪性的表现，开始了《遥遥无期》(*Indefinitely*)系列的创作。

转换一种新的语言来叙述人生的处境，是一种自我挑战。“遥遥无期”变得没那么直接，而是更为游离和暧昧，情绪性更强。新的系列仍然是对身体和心理上的距离所进行的呈现，探索身体和心灵上与一个地点之间的距离，但卡特琳·科宁将空间概念转化成了时间概念，《遥遥无期》，从字面便可以理解为以时间而非空间来丈量距离，从状态来理解，则处于一种既确定又摇摆的状态，确定性在于《遥遥无期》在时间上指向了永远，而不确定性在于永远的未知性。因此，遥遥无期的时间，难以靠近而只能想象。这与画面的呈现保持了一致，画面中不可见的缺席部分，也是难以靠近只能想象。

有太多的东西横亘在卡特琳·科宁和德国及其亲人之间，无论是地理空间、环境、语言，还是周围的人群等，都是形成距离的内容，而这广阔的内容，则构成了整个生活而非实体的距离。因此，要将这些精

神性的、情感的情绪表达出来，需要的是对抽象画面的驾驭能力，以画面的情绪去呈现画面中的不可见。只有当画面的情绪营造出来时，观众才能参与到创作者的想象当中，与创作者共构出心理上对画面的感知。

如在《遥遥无期》系列中，有一张深色调的红色鸟的照片，那是卡特琳·科宁翻拍自一家水族馆内墙上的一幅画，与墙周围原本的假树假花一起，构成了一个弥漫着多种情绪的画面。鸟的隐喻意向非常广泛，既可以表达自由，也可以暗示不同地点之间的联系，而卡特琳·科宁将此幅作品放于这个系列之中，作为观者，我们或许能在她的画面所散发的情绪中，或者与其他照片的对话与碰撞中，去想象画面中的隐喻。

当然，将个人经验和情感转化为影像是有难度的，这需要更多的暗示和想象，而情感最终是否能抵达，则在于那些缺席的部分能否通过既有的画面的营造传递给观众。

## 访　谈

**傅尔得：**跟我们说说你自己吧，从什么时候开始意识到自己想成为一名摄影师的？我很好奇你的人生经历在你创作中有什么作用。

**卡特琳·科宁：**摄影出现在我人生中是在1998年，那时我高中刚毕业。托比亚斯（Tobias）是我结识最久也最要好的朋友，我们一起上学，一起长大，他妈妈还是我的教母，但是，就在那时他坐的飞机在冰岛坠毁，他也在那次事故中逝世了。他生前一直想要成为一名飞行员，但他还有另外一个激情所在就是摄影，我从他的遗物中得到了相机，是一台老式的美能达，还有一千多卷胶卷，我带着这些只身去了冰岛，去与我的哀伤独处。那时正值严冬时节，我在冰岛待了三个月，在一片荒野中的温室里工作。晚上，我一般都带着那台美能达出门，在外面一直走一直走，我脚踩在雪地上的声音，在那种寂静中行走的声音，以及握着相机按快门的声音等，在当时都成了抚慰和疗愈我内心的东西。其实

到现在为止，都还是那样。但我从冰岛没有带回一张照片，因为所有的胶卷冲出来都是黑的。经历了失去托比亚斯的痛苦，经历了冰岛拍摄之行后摄影进入了我的人生。事后看来，那次经历在很大程度上为我日后的拍摄打下了基础。在呈现缺席上，那次拍摄成为我制造情绪的某种方式，因为那跟我的人生非常接近也非常亲密。

《雷克山》（*Lake Mountain*）系列，2010—2018；© Katrin Koenning

《遥遥无期》(*Indefinitely*)系列，2007—2018；© Katrin Koenning

《遥遥无期》(*Indefinitely*)系列，2007—2018；© Katrin Koenning

**傅尔得：**你在德国出生、成长，在25岁时移居到澳大利亚，这应该是你人生中的重大决定之一。我在想，在移民者和他们所生活的地方之间，或多或少都存在些心理或文化上的隔阂，甚至随着时间的流逝，他们与自己的原生国家之间也会产生隔阂。你有这样的隔阂吗？或者说这些会成为你创作的催化力量吗？

**卡特琳·科宁：**的确，从欧洲搬到澳大利亚是我人生中的一个重大改变，但这种居住地的二重性，或者是移民的经验和距离等，都成为我整个创作中的宝贵财富。这些经历其实都以或这或那的方式，在我的每张作品中发挥了作用。身于两者之间的处境，深远地影响着我的视野，我总是会以一种既亲密但又稍微疏离的视角，去拍摄德国和澳大利亚。如果我想的话，画面中就会呈现出缺席的情绪。既然说到这里，这种隔阂有时并非仅是你所讲的那种，或许是以另一种相反的方式呈现出来，其实在两个不同的国家生活，我都感到如家一般的自在，但同时又会觉得自己处于多重世界中。

**傅尔得：**家庭是你所有创作中很重要的一部分。在你看来，家庭是什么，你如何定义家庭关系？

**卡特琳·科宁：**很显然这个问题我只能以我自己的感受来表达，也不能代表其他人。我认为，在某种程度上家庭生活的经历是一种很普遍性的存在，但就每个个体来讲，却又不一样。在我的创作中，我呈现了它美好和重要的一部分，当然也有它复杂的一面。家庭关系是我们最重要的关系之一，但也是最复杂的。我跟家庭之间的关系非常亲密，但这也并不意味着处理起来就会很容易。

**傅尔得：**你长达八年的拍摄项目《遥遥无期》，是出自你早先拍摄的一个项目《临近》吗？我觉得你作品的叙事性、纪实性等越来越淡，变得越来越抽象、情绪性、梦幻和诗意了。你怎么看待你过去的作品，又如何看待这些改变？

**卡特琳·科宁：**《遥遥无期》的确是出自《临近》系列，《临近》是另一个记录我家庭的长期拍摄项目。《临近》以某种方式叙述了我的家庭，记录了家里发生的一些事件以及时光的流逝等。《临近》系列的作品虽然诗意，但就影像语言来看，相较于《遥遥无期》系列，它还是有点教条。它记录了爱、私密和距离等，记录了家庭的日常，也记录了家庭所经历的死亡和自杀等事件。而《遥遥无期》系列的描述性画面则很少，抽象的画面更多。我想要改变表达语言，是因为我主要的兴趣在于对距离及其感觉的讲述和思考上。要拍下距离其实很难，即便它如房间里的一把椅子那样真实，也就是说即便是物理性的存在，要拍下来也很难，而"距离"的实体性更少，更难拍。因此，我清楚自己不要以一种对主题进行描述性的阐述和命名的方式来拍，我想要弱化叙事，让画面处于一种似梦的空间中，看起来既真实又充满想象。

**傅尔得：**自然是你创作中另一个很重要的部分，为什么你对自然如此痴迷？而且你呈现的自然往往非常超脱，里面承载了很多超现实的紧张感，在你的创作中，自然的部分起到的作用是什么？

**卡特琳·科宁：**我成长在德国的一个小城市，小时候大部分时间我都在户外度过，比如在森林或者附近的田野中，或者是在公园，我也会爬到树上，还会在地里挖洞，等等。我人生的头几年是在一个农场成长的，我爸爸在此后一段时间仍然住在那里。我的祖母祖父生活在德国靠东海岸的地方，他们有一个花园，花园的大小跟一般的公园差不多大，那确实是一块很大的产业。那个花园就好像他们的天堂，既原始荒野般又充满了神秘感，有时候还会突然闯入一些野鹿。我父亲和姑姑在20世纪90年代后期移民了，他们都从德国的城市搬到了澳大利亚的丛林中，我父亲最爱的一块地其实是一个垃圾场，他把那里变成了天堂。我想刚才提及的所有事情，那些伴随着、围绕着自然或在自然中成长的经历，都对我的创作有着很大的影响。自然是我的安全地带，是我的庇护所，它是一个我无论关于世界还是关于自身来讲，收获最多的地方。自

然是一个只要我一有空，就会跑去待着的地方。因此，我认为如果我对一样东西爱至如此之深的话，那么这个东西一定不断地在给予我，在某种程度上它也在保护着我，也让我觉得自己的完整。因此，作为人类我有责任用我自己的语言将它表述出来。我想我拍的自然是关于爱。

**傅尔得：**你的大部分作品都有着一种戏剧化的色调，不是高亮就是深暗，你怎么看待光线在创作中的作用？选择如此色调的用意又是什么呢？

**卡特琳·科宁：**我喜欢用记录式的思维方法将我所看到的东西转化成感觉，我对图片中的情感性，以及图片的感化能力很感兴趣。高反差是一种能将注意力集中在取景框内某个特殊事情上的方法，不但能加以强调，并能突显其重要性，当然，它还能制造戏剧感。暗色调的那些作品常常是我最想要描述的，可能是因为它们让我感到我正在看着什么破碎的东西，一些无法复原的状态，或一些不确定的状态等。一般来讲，我们并不愿意盯着那些破碎的东西看，我们常常将那些东西贴上丑陋的或没有价值的标签，我的意思是，我们并不喜欢分享创伤，大多数时候，我们宁愿分享一些美好的壮丽的风景，而不是那些平常的、琐碎的、微贱的东西。但我认为那些微贱的东西其实藏着高度的诚实。我想就是因为这些原生的东西将我们置身于一种对抗自己的处境中，它们显得像一面镜子。

**傅尔得：**你正在拍摄的一些系列，像是《雷克山》(*Lake Mountain*，澳大利亚旅游胜地，2009年澳大利亚森林大火起火点)、《波特》(*Pott*，德国工业区鲁尔区的俗名)、《交叉点》(*the Crossing*)等，你都采用自然和社会景观的方式，同时关注了澳大利亚和德国的环境，你怎么看待人们居住的环境？

**卡特琳·科宁：**我认为人类作为自然界的物种之一，在大多数情况下我们的生活其实是远离自然，而不是处于自然之中的。我们已经在很大程度上让自身与自然隔离开来了，对于大多数人来讲，自然仅存在于

流行文化或娱乐项目等为我们提供的内容之中。我们不断地从自然中索取，却很少进行反馈，而且长久以来，我们一直都在这么做，现在我们差不多已快到了事情发生反转的临界点。在20世纪80年代晚期，法国的一位思想家和理论家米歇尔·塞尔（Michel Serres）在其写的《自然契约》（*The Nature Contract*）中，认为我们需要跟自然签订契约。他非常尖锐地指出，我们已经达到了一个如此庞大的人口数量，以至于我们现在的人口如一个构造的板块，然而我们竟不知道这外部世界将会如何对此进行回应。

**傅尔得：** 你的大部分系列似乎都花了很长时间进行，什么时候你认为一个系列该结束了呢？你认为哪种方式更能展现你的作品，是一个展览还是出一本摄影书？我看了你放在个人网站上的作品的排序，能说说你是以什么原则来编辑这些系列的吗？

**卡特琳·科宁：** 其实我并不认为有一个公式去呈现，何时一个项目该结束也没有一个清楚的答案。我想，到了一定的时候，它自然会让你知道，而你也自然清楚这个时候该结束了，当然这有很多不同的方式可以来进行确认。至于说到作品的呈现方式，也是同样的道理，同样没有公式可言。有些作品适合成为一本书，有些更适合在画廊进行展示，而另外一些可能以完全不同的方式呈现会更好。相比于以前，我们现在有更多的方式展示作品，这的确令人兴奋，我想我们正处于开启多种可能性的开端。当然，作品的排序就更没有公式可言了，它完全取决于你所表达的故事。你究竟想要用作品表达什么这个问题，在我的系列中，单幅图片之间的对话更重要，而对它们进行排序则更是依靠一种直觉。

·原载于《城市画报》杂志2017年10月刊，有改动

卡特琳·科宁（Katrin Koenning）

德国摄影师，出生、成长于德国鲁尔区（Ruhrgebiet，德国北莱茵—威斯特法伦州城市群，曾是欧洲乃至世界最著名的重工业地区之一），25岁时移居澳大利亚，目前工作、生活于墨尔本。其个展、群展广泛举办于世界各地，作品常见于各媒体，如《卫报》、《嘉人》（*Marie Claire*）杂志、《GUP》杂志、《Burn》杂志等，也常为《纽约时报》供稿。2016年6月，巴黎的出版社Chose Commune出版了其第一本摄影书《黑星》（*Astres Noirs*），该书为她和孟加拉国摄影师萨克尔·普罗提克（Sarker Protick）的合著，此书获得澳大利亚2016年年度摄影书奖。

# 11

## 藤原聪志 | Satoshi Fujiwara

## 摄影的反击

一直以来，摄影都在以创作媒材、记录性工具、辅助性媒介等身份，介入当代艺术各种类型的创作与空间展陈中。藤原聪志（Satoshi Fujiwara）则试图让摄影成为主角，在利用其他类型的媒材和形式下，发起一场摄影的反击。

然则，反击并非藤原聪志的目的，他其实意在通过对影像本身及展陈形式的一次次挑战，来拓展摄影在当下的内涵与外延。

从整体呈现上看，藤原聪志的作品带有一股无比生猛的达达主义和德国表现主义糅合的味道。他以逼近被摄主体的镜头距离感，凸显了作品的低饱和度和粗大的颗粒肌理效果，而出其不意的“坏照片”式视角的构图，则一再增强了画面的粗粝度。除了作品本身，藤原聪志对摄影更为标志性的突破，在于作品的呈现方式。他撇开了照片通常的装框式装裱，通过超大体量图像的粗暴装订和堆叠，以更为激进的装置式展陈，改变了图片及其被观看的语境。

他的展场常给人一种强烈的后工业风，建材用的PVC板、金属棒、包装胶等，都是他常用到的材料，而他更是将所有的作品均以防水帆布材料进行输出，以供他任意折叠、缠绕或粗粝地悬挂，抑或是如小山一

“维纳斯”（Venus）展览，比利时拉布芙里博物馆（La Boverie），2016—2018；© 藤原聪志

“人群景观”（Crowd Landscape）展览，2019；加拿大多伦多当代艺术博物馆；© 藤原聪志

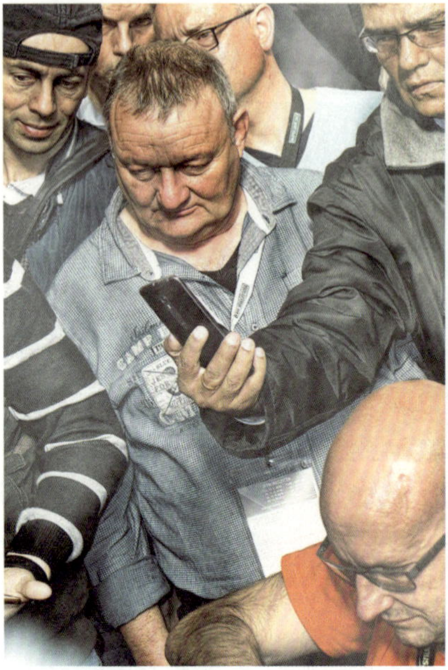

《维纳斯》(*Venus*)系列，2016—2018；© 藤原聪志

般大体量的堆积。此种展陈方式在摄影界几乎很难找到先例，反而，我们从中看到了无论是达达主义开启的现成品的观念创作，还是装置、雕塑等现当代艺术的影子。特别是其将摄影作品以画布捆绑悬挂的展陈方式，让我们看到了曾活跃于美国20世纪60年代且直至今日仍旧为各大美术馆所展示的黑人艺术家山姆·格连(Sam Gilliam)的影子。山姆·格连标志性的悬挂绘画，将20世纪60年代最为活跃的抽象表现主义的形式规则，拓展至全新的局面。而藤原聪志似乎传承了山姆·格连的革新精神，在柏林生活、工作了近十年的他，似乎也多少吸收了曾提出过“社会雕塑”概念的20世纪德国传奇当代艺术家博伊斯的艺术理念，将摄影推向了不同于以往画面呈现和形式表达的境地。

对摄影所进行的颠覆和挑战，看似外在形式的革新，实则是藤原聪

志对当下照片的生产及观看方式的改变所作出的回应。在迅速迭代更新的数字技术下，人类对影像的处理和操纵，也在更新换代中。藤原聪志试图呈现影像的这一复杂变化，以及由此而带来的影像与受众之间的关系。

在他的创作中，我们看到的往往是关于权力、社会暴乱、民主抗议、难民、社会底层人士等发生在欧洲的政治、社会主题的影像，然而，这些都不是纪实摄影，而是人为的建构。比如，图片中市民和警察镇压民众的图像，是藤原聪志找人在不同时间摆拍后组合在一起的，而人身体上受伤的部位也是其通过数码后期制作的，藤原聪志故意通过此种反向操作，来改变作品的语境，由此凸显了当下影像日益被操控的现实。

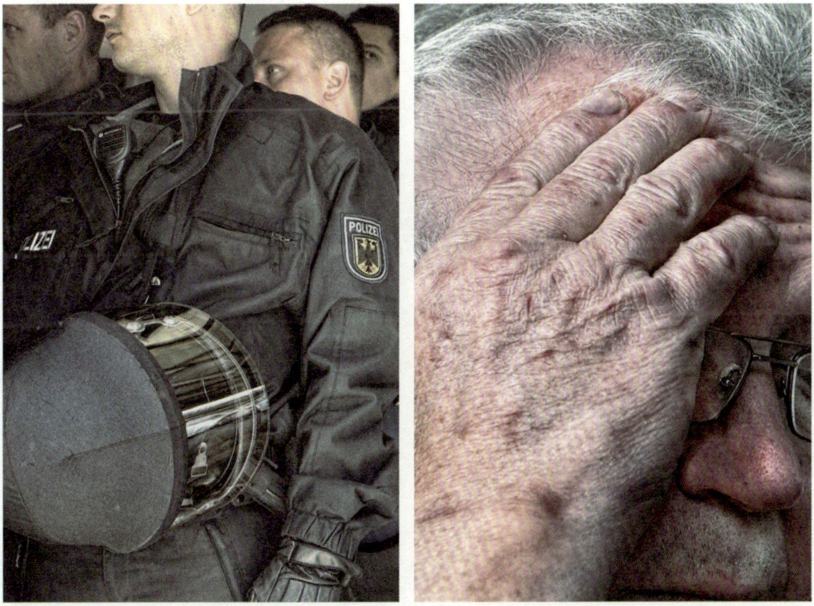


《# 警察 # 掩盖 # 示威 # 暴力》(*#police#cover_up#demonstrations#brutality*)系列，2015—2016；© 藤原聪志

对媒介本身的变化所进行的时代性回应，使得藤原聪志受到了国际社会的广泛关注。他有如20世纪70年代开始在纽约开展创作生涯的杉本博司，他们都远离了日本的本土环境，跳入了西方艺术潮流的旋涡之中，且都走出了自己的创作路径和风格。而不管是否愿意，他们的日本身份，多少因代表了塑造其成长的环境和文化，而成为其备受外界关注的重点之一。作为新一代的日本影像创作者，我们在藤原聪志的作品中，看到了他以开放的态度，在数字时代背景下，正在就影像发起一场精彩的反击。

## 访　谈

**傅尔得：**作为一个几乎完全脱离了日本本土环境的创作者，你认为柏林给了哪些你更需要的东西？你在日本出生、成长的背景，是否也对你的创作产生了影响？

**藤原聪志：**我其实不太确定我是否或者如何受到了柏林的启发，因为，我与柏林当地的艺术圈、社区，甚至是社会等，其实都并没有真正的联系。我只能说，作为一个生活在柏林的外国人，比作为一个土生土长在日本的人要容易得多，因为在日本，我总是感觉自己受到社会所要求的同质性的约束。我认为问题的关键，在于我不是西方人，而不是我来自日本。

**傅尔得：**你是一个非常高产的创作者，基于这么多的作品，你是否有一个创作主题或主线？

**藤原聪志：**这样的看法很有意思，其实我并不认为自己是一个高产的艺术家。我只是一直在尝试拓展摄影的边界和定义，以探索摄影的不同方向和表现方式。但对我来说，最重要的是通过我的创作实践，来创造出一个不一样的摄影体系，而不只是以不同的观点和审美角度来呈现某个特定的主题。

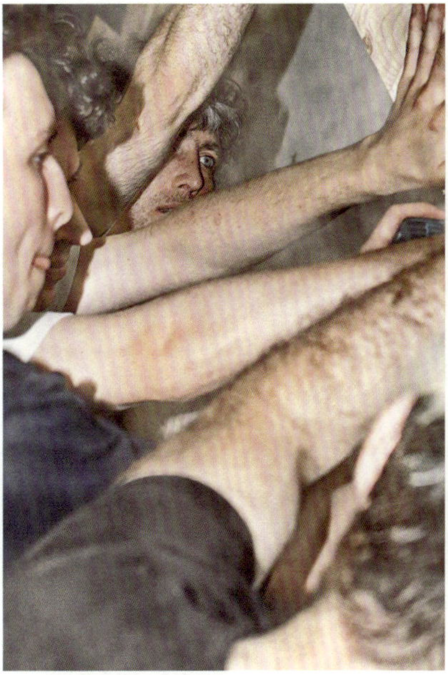 

《马》(*HORSES*)系列，2018；© 藤原聪志

**傅尔得：**你的图片看起来都非常粗糙。那些低饱和度和粗大颗粒感的成像品质，都是你故意而为的吗？

**藤原聪志：**看上去虽然如此，但其实恰恰相反，我是花了很长的时间，在对照片进行反复的思考以及编辑后，才发表这样的作品的。每个人如果运用当下的相机和编辑技术，都可以创造出完美的图像，而我感兴趣的，就是这所谓的“完美”，可能是图像质量本身的问题。

**傅尔得：**你的图片的呈现方式有着非常强烈的个性。且图片的输出尺寸都非常大，而且都以一种后工业化的简约且粗暴的方式进行布置。你一般会按照什么样的意图输出作品？就你而言，这些展览方式对于图片表达的意义在哪？

**藤原聪志：**在作品的呈现以及材料的选择上，我会根据每一次不同的展览及空间等，作出不同的方案，每一次我都以一种全新的概念，来介入每个展厅的时空中。因此，装置形式、材料选择甚至语境等，都会因展览的不同而进行重新编辑、替换或改变，哪怕有的只是简单的移动。拿我2017年在普拉达基金会中心（Fondazione Prada）的展览“EU”来说，在那次展览中，我通过对图片在墙壁上以尺度组合的概念性展示，把图像原有的意涵剥离，将叙述性的语境从图像中完全去除，以此种替代具象图像的方式，来开阔观众的主观视野。那次作品展陈的方式，我参考了一些历史展览的图片展陈，比如曾于1942年在纽约现代艺术博物馆（MoMA）的一次展览："胜利之路：战时国家的系列影像"（The Road to Victory：A Procession of Photographs of the Nation at War），还有如曾承载了公共空间信息传播的大字报等。

展览“EU”，普拉达基金会中心（Fondazione Prada）；© 藤原聪志

**傅尔得：**的确，你的作品就呈现方式而言，每一次的展览都不尽相同。你认为作品和展览环境之间的关系是什么？

**藤原聪志：**除了以上谈及的原因，另外，在真正开始以摄影进行创作之前，我其实对摄影这种媒介作为一种艺术形式的可能性是持怀疑态度的。因为我从来就没能在展览现场好好地感受、享受到摄影，我认为在各种数字设备或摄影书上观看图片，就能比去现场观看得到更多的信息。在现场展示摄影这种媒介时，如果要论及什么是重要的，那就是尽可能多地展示数字对这一媒介的操控。意思就是在当下这个时代，我们要在画廊或艺术空间中，展示那些我们平时虽会通过屏幕进行浏览和消

展览现场，《扫描 #1》（*Scanning*#1），东京 21—21 设计视野美术馆（21—21 DESIGN SIGHT）；© 藤原聪志

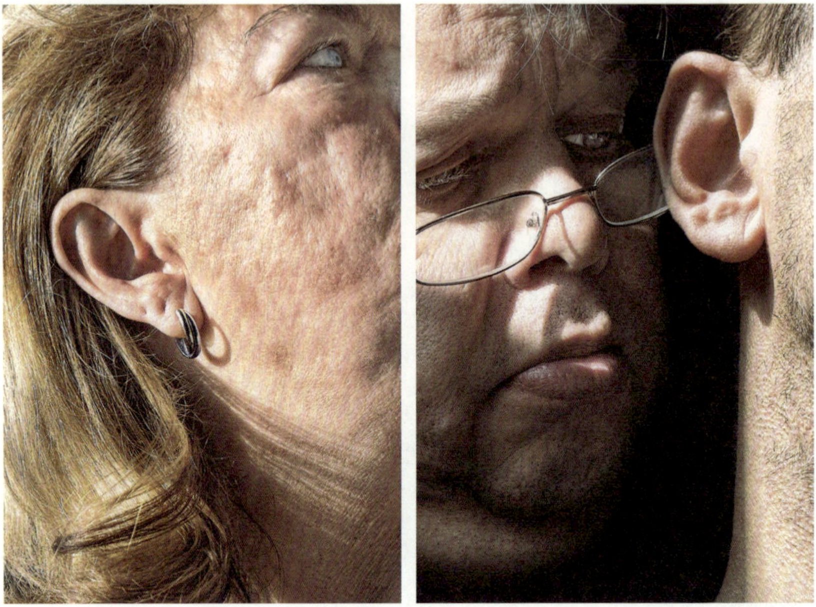

《未知代码 III》（*Code Unknown* III）系列，2014—2015；© 藤原聪志

费，但通过数字编辑和处理，就可以对其进行任意改变的图像的这一当代特性。

**傅尔得：**在技术发展迅速迭代的当今时代，与技术天然相关的摄影，作为一种表达媒介也发生了很大的变化。你的创作对摄影媒介本身在当下时代的变化，有什么样的回应？你如何看待数字技术对图像的操纵？

**藤原聪志：**即便意识到艺术潮流的走向是作品将会变得越来越无形化和非物质化，但我反而觉得创作因此有了完全不同的可能性。纵观历史，摄影因为其自身的便利性，一直都与其他艺术媒介保持着亲密的关系。摄影与绘画的关系自是不用说，但它同时也是大地艺术和行为艺术

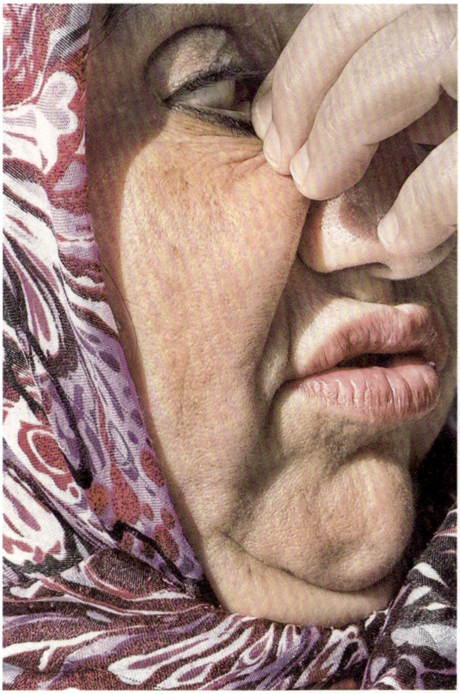

《未知代码 II》(*Code Unknown* II)系列, 2014—2015;
© 藤原聪志

的记录媒介，也曾被用作达达艺术创作的拼贴素材，也一直被当作观念艺术的素材所使用。因此，摄影一直与其他媒介有着多样的边界重叠。而从艺术体裁的角度来看，考虑到摄影是如何被其他媒介所利用的，我们不妨反过来思考，让摄影走其他媒介的路，利用其他媒介来成全摄影作为一种综合媒介的可能，我称这种方式为摄影的反击。

**傅尔得：**你作品呈现出来的议题都非常的政治性，你是一个有政治偏好的摄影师吗？图片作为一种媒介，相比于图片所呈现的主题而言，你更关心哪个？

**藤原聪志：**基本上，我不喜欢直接表达政治问题或观点的艺术作品，因为它们从来没有实质性地改变过世界，而且，我对充斥当今艺术界的那些“政治正确”的作品感到非常厌倦。其实不仅在艺术界，在社交媒体平台上也是如此，比如探讨身份政治议题的作品。我只是想处理和表达人类其他基本的、普遍性的问题。有关政治的影像，可以很轻易就成为一个符号或象征性的东西，这就是为什么我经常会使用有关政治的画面作为主题，却从来没有直接表达我的政治意见的原因。

·原载于《中国摄影》杂志2019年12月刊，有改动

藤原聪志（Satoshi Fujiwara）

1984年出生于日本神户，现工作、生活于柏林。2015年起，藤原聪志的作品开始在各国际艺术机构广泛展出，包括：加拿大多伦多当代艺术博物馆、意大利普拉达基金会中心、比利时拉布美里博物馆（La Boverie）、东京21—21设计视野美术馆（21—21 DESIGN SIGHT）、柏林德意志歌剧院等。他还受邀参加了多个艺术及摄影博览会、艺术节、双年展等，如加拿大蒙特利尔艺术节、比利时影像双年展、伦敦摄影展会、巴黎摄影展会、阿姆斯特丹摄影博览会沙迦建筑三年展等。此外，藤原聪志还与多家国际品牌和机构合作，如三宅一生等。2015年，他的处女作《未知代码》由IMA出版社出版；2018年，藤原聪志与挪威艺术家英韦·霍伦（Yngve Holen）合作的书《马》（*HORSES*）由德国出版社Walther König出版。

# 12

## 杰夫·考恩 | Jeff Cowen

## 炼金术士——消解瞬间，创造永恒

艺术家职业生涯的重点，在于能否找到自己独特的表达方式，并不断延续、演化下去。作为摄影师，杰夫·考恩不但达到了这一点，而且还有点特别。

相比于一般的摄影师，他更像是一位炼金术士，拍照只是开始，他主要的创作实践，则是在暗房中进行。或许，长年累月地沉浸于暗房中，劳作一天下来，他更感觉自己是个劳工。近三十年来，他会用不同的化学药剂，泼洒或喷射在放印的照片上，然后期待着神秘结果的出现，甚至有时，他都不会用到照片，而是直接在银盐纸基上开始他的实验。

除了用化学药剂来进行反应，他用到的方法还有很多，如刮擦、涂抹、滴水、作画、拼贴等。杰夫·考恩经由这些过程的反复叠加，而沉积出其作品的深度与厚度。因此，当我们看到杰夫·考恩的作品时，大概会抱着这样的疑问：还究竟是关于摄影的摄影，还是关于摄影的绘画？抑或是跳脱了摄影之外的当代艺术？

在杰夫·考恩看来，他的创作虽然像是用摄影在画画，但摄影无疑是他作品的基底，他仍旧自认为是一名摄影师。只是，他不是传统意义上的摄影师。他的创作并不是要对特定时间下的人、事、物进行记录和

雕像 12，2013；独版银盐输出，混合媒材；© Jeff Cowen; Courtesy Michael Werner Kunsthandel

反应，也不是对现实世界进行框取和记录，而是要将摄影的瞬间性和纪实性转化为永恒和抽象，以此来反映他的精神和内心。

因此，在杰夫·考恩的作品中，无论是景观、人物、雕塑、拼贴、构成等，最后的成品都不代表那些被摄物本身，而是代表着杰夫·考恩与它们之间的精神对话，以及他对它们及其背后历史、文化的想法和评价。在成为杰夫·考恩内心世界的一部分后，这些作品由此焕发出一种抽离画面本身的灵魂生气。

拿肖像作品来说，杰夫·考恩并非在记录某位确定的对象，而是通过其创作过程，将画面抽象化，将时间消解，从而进行一种形而上的表达。《艾库莎》(*Aikusya*)是在同一幅作品上进行了不同后期处理的肖像双联作，而同为肖像双联作的《卡米莉》(*Camille*)，则是对前后相差

艾库莎(*Aikusya*)，双联作 2014；独版银盐输出；© Jeff Cowen; Courtesy Michael Werner Kunsthandel

无题 IV, 2017；独版明胶银盐；© Jeff Cowen ；Courtesy Michael Werner Kunsthandel

几秒的不同照片所进行的并列呈现。在前后几秒中，第一张中卡米莉的目光看着远方，第二张则望向了镜头，杰夫·考恩通过呈现卡米莉的视觉进退的过程，将相机记录时间流逝的特性进行了阐释。作品《艾库莎》则是以另一种方式来讲述时间，两幅相同的并置肖像，将时间定格为一种静止状态，画面中似乎什么都没有发生，只有被摄者精神能量的释放。杰夫·考恩通过对瞬间时间的消解，来表明他的摄影并非在讲述某时某地的某人及其性格，而是将重点放在抽离了人、事、地之后普遍存在于每人身上的人类精神。另外一幅肖像作品《格什菲》(*Golshifteh*)中的女孩，是杰夫·考恩的一位伊朗艺术家朋友。他依然不是在记录这位朋友，而是透过格什菲镇静的眼神与面部表情的沉着之美，来表明他所思考的伊朗民族背后的历史和文化伤痛。

其实，无论是肖像还是景观，抑或是抽象作品，杰夫·考恩都借

格什菲（*Golshifteh*）5，2015；银盐输出，版数 6；©Jeff Cowen; Courtesy Michael Werner Kunsthandel

助于拍摄对象的某种能量，来完成精神上的对话。而这种对话，是杰夫·考恩用几个月甚至好几年的时间不断地在上面进行实验来完成的。

当然，杰夫·考恩的创作方式并非一开始便如此，在大学时代，他以对街头边缘人物的纪实摄影开始了摄影生涯。而街头摄影所受到的人

物、角度、时机、光线等的种种外在限制，最终让年轻的杰夫·考恩感到了沮丧，他开始想要摆脱摄影所受到的外部局限，转向自身内部的精神世界进行转译和创造，由此完全掌握摄影的主动性。

杰夫·考恩所想要跳出的，绝非只是摄影的外部环境限制，还包括相机本身的特性。他对摄影的传统概念进行了多方位的颠覆，比如消解时间性和纪实性等。由此，他的作品充满了各种悖论。他的作品，就时间来讲，是瞬间和永恒的统一体；对现实来讲，是忠实与谎言的统一体；而就其对照片所进行的侵入性化学实验和拼贴等手段来看，则是暴力与爱的统一体。

然而，杰夫·考恩通过如此复杂的创作，究竟在总体上表达了怎样的内心和精神呢？

可以说，对瞬息变幻的时代的感受，是其创作的核心，也正因此，

无题 柏林 XIII, 2012；明胶银盐，版数 6；© Jeff Cowen; Courtesy Michael Werner Kunsthandel

雕像 15, 2014；银盐输出，唯一版数；© Jeff Cowen; Courtesy Michael Werner Kunsthandel

无题 XXIX，2017；明胶银盐，混合媒材，唯一版数；© Jeff Cowen；Courtesy Michael Werner Kunsthandel

他如此想要透过摄影将时间的瞬息变为永恒。

在20世纪八九十年代，杰夫·考恩便在时代变化潮流的中心——纽约街头，感受到了旧欧洲的结束和新世界到来的冲击，而用摄影将时间封存的想法，由那时产生。接下来，日益走上潮头的信息技术，逐渐席卷世界，再一次取代着上个时代，人们的生活方式、世界的运转模式等，一切都在计算机技术的飞速发展下发生着前所未有的革命性改变。当下，我们的生活无一不受大数据的影响，无论是建筑、艺术，还是服装、家具等，人性和人味都随着这股趋势在逐渐减少。正因为如此，杰夫·考恩才牢牢地守在他的暗房里，手工放大、制作作品，以他自身的

创造，来对抗时代的巨大变化。

或许可以说，在杰夫·考恩的摄影学成的过程中，无论是向拉里·克拉克（Larry Clark）还是拉尔夫·吉布森（Ralph Gibson）学习的时代，数码都还未流行起来，因此他一直迷恋着传统影像的手工生产有其根源。但如果说，抵抗时代发展的姿态有点堂·吉诃德，那么，起码在超越瞬间创造永恒的道路上，他是真诚的。

## 访 谈

**傅尔得：**我很好奇摄影在最开始的时候是如何吸引了您，您什么时候开始对摄影产生兴趣的？我记得您是在20世纪80年代晚期以拍摄曼哈顿肉类加工区街头的变性者、失足女性、流浪汉、吸毒者、小偷等开始摄影的，那么您对纪实摄影和传统摄影有什么看法呢？

**杰夫·考恩：**我最早拍的一些照片是在我八岁的时候，那时我用家里的柯达傻瓜相机拍了一些我五岁的妹妹刚从浴缸出来时的裸体照。那是一些非常可爱、顽皮、天真无邪的照片，没有一点情色意味。她那时做了一些很简单的姿势，比如将双手叉在臀部之类的，我还用了一盏台灯对着她打光。那时我们把胶卷拿去冲印，冲印店的师傅之后还打电话把我的父亲叫过去，指责他拍摄小孩的裸照，我父亲解释说一定是自己的儿子拍的。回家后，父亲非常生气，当着我的面将所有的照片撕碎后扔了。那是一个意义非凡的时刻，似乎暴力与摧毁是创造的一部分，我从来没有看到过我拍的那些照片。但作为一个八岁的小孩，我并不理解这种评判。在我念纽约大学的最后一年，那是1987年，我修了我们学校帝势艺术学院（Tisch School of the arts）的摄影课，老师给我们布置了一个纪实摄影的项目。当时我跟女友一起住在曼哈顿的肉类加工厂，因为那边的一些街头毒贩和失足女性常在我们住的公寓前活动，所以我认识一些。我觉得他们是很好的拍摄题材，因为他们的经历丰富有趣、有戏剧性，且在视觉上引人注目，当然，他们也都自带了富于人性和社会

性的故事。他们身上还有一种极端危险的因素吸引着我，因为当时我是一位还颇具自毁倾向的年轻人。我认为街头摄影、报道摄影和传统摄影都有其自身的影响和位置，但是，在我成长为一名摄影师的过程中，我对以纪实的目的用相机去拍摄外在于我的事物的兴趣越来越少，反而逐渐关注于潜藏于自身内部的事物。

**傅尔得：**在完成大学学业之后，您相继成了著名摄影师拉里·克拉克和拉尔夫·吉布森的助理，那个阶段您对摄影的理解是怎样的？在给两位摄影师做助理期间，您认为最受益的部分是什么？

**杰夫·考恩：**非常幸运我能为这两位经验如此丰富的艺术家工作。毕竟，拉里是伟大的尤金·史密斯（Eugene Smith）的信徒，而拉尔夫是多萝西娅·兰格（Dorothea Lange）和罗伯特·弗兰克（Robert Frank）的信徒。当时我想应该会学到所有关于摄影的冲印和技术等，但是我主

双联作 无题 X，2017；独版明胶银盐，混合媒材，唯一版数；© Jeff Cowen；Courtesy Michael Werner Kunsthandel

要学到的，是作为一名艺术家的意义。他们为我打开了一个新世界，我从拉里那边学到的是，根本不去在意别人怎么想，只听从自己的直觉，不做自我审查。这说起来容易做起来难，我可是花了好多年的时间，才做到这点。我明白，没有平庸存在的空间，你要么出局要么全部投入。而在拉尔夫那里，我则学到了构图的形式主义。

**傅尔得：**您的作品以打破了摄影、绘画和雕塑之间的界限而著称，作为一名以摄影作为媒介的艺术家，您的创作更像一名画家，而这与您早期的街头纪实摄影有着很大的差别。这种转变来自您日后在纽约艺术学生联盟和纽约工作室学院学习绘画吗？而您目前的创作风格是怎么形成的？

**杰夫·考恩：**当我还是一名年轻摄影师时，我曾对摄影媒介的各种局限以及它在历史上的使用方式感到很沮丧。在二十几岁时，我就想回到艺术院校去学习绘画，以帮助我提高并扩大作为摄影师的视野。我决定把绘画和摄影的力量结合起来。人们往往忘了，摄影是一个只有近180年历史的相对年轻的媒介，这意味着它的发展空间还很大。我在创作风格上的转变，是基于艺术和人性的需要去表达我的内心世界，我不想成为传统机械摄影局限性的俘虏。摄影既是一门科学也是一门艺术，我的风格完全是出于对摄影媒介在机械方面的不满。最终，我将摄影的魔力和传统的绘画结合了起来。

**傅尔得：**一幅作品的诞生，比起拍摄的过程，您不仅花费了更多的时间在暗房工作，而且还会持续几个月甚至好几年继续对其进行创作。您的绝大部分后期制作是基于您的摄影，摄影之于您的作品意味着什么？为什么您不直接采用绘画的方式进行创作呢？

**杰夫·考恩：**相比于摄影师，我更像是一名放印工，我人生的大部分时间都是在实验室内度过的。放印是一项要求很高且费时的工作，我已经做了三十多年，但我仍然时常需要学习新东西。但我在实验室里能

做的一些事，在绘画和画布上却不可能做到，在实验室，我用化学反应作为绘画的一种方式。当这些化学反应在我的控制之下时，会形成一种强有力的手工图像和绘画的语言。我的创作过程有着炼金术的一面，我用传统的银盐胶片和纸基，使图像具有反光的质感，这会产生一种我很喜欢的超世俗的图像。我采用的是一种文艺复兴式的绘画技术，在一张二维的相纸上渲染图像。我试着运用绘制图像、化学侵袭、纸上滴水以及添加绘画式色彩等视觉语言，来建构作品的多层意义。从来就没有此时此刻的摄影存在，一张照片就是一个“错觉的神话”，一张照片会诞生出一个新的不朽的现实，而这只存在于现实世界之外。

**傅尔得：**可以跟我们说说，当您一遍又一遍、好几个月甚至好几年面对照片的原片时，您是如何决定哪一张可以拿出来进行裁剪、拼贴，在其上进行化学实验，以暗房技术对其进行改变的吗？您的灵感和想法都来自哪里？

**杰夫·考恩：**我的创作是非常直觉性的，遵从于我内心深处和潜意识里非常遥远的地方，我试着让事情就那样发生。作为艺术家，我可能并没那么有才华，可能我就是不够聪明。但是我知道，如果我放手，走自己的路，事情就会开始变化。我只是试着不那么刻意，不那么使劲，信赖这些过程的自然发生。我的秘密就是努力不断尝试和犯错，这非常类似科学的实验方法。艺术创作的过程，很像一个人如何在生活，意思是，我试着在我的方法中保持开放和孩子气，而不是表现得太聪明。我从不相信太聪明的艺术，但这恰恰是我们目前在所有的画廊都能看到的现象。那些聪明的学生进了系统的艺术院校，和一群聪明的老师以及聪明的策展人一起。目前，我们所看到的绝大部分艺术都来自点子、自负和聪明，对我来讲，这或许都不属于艺术的领域，相比于艺术，它们太多了。

**傅尔得：**就时间来看，您一直以创作来对摄影的时间性进行着不同

的解读，您对作品中所呈现的时间有什么看法？

**杰夫·考恩：**我一直都非常尊敬已故伟大摄影师卡蒂尔·布列松的作品，从中我很清楚地明白了什么是我不想要放在作品中的。他的作品是对在当下世界正在发生的事件在恰当时机所进行的决定性的捕捉，而我想要的则相反，我的画面不是在处理一个物理意义上的事件的瞬间，而是内心世界或精神上的瞬间。我将这个称为“非瞬间”，也就是在某件事正要发生之前或刚发生之后。相对于物理事件来讲，这样的作品会更加深刻和神秘。

**傅尔得：**一张肖像照如何引起您的兴趣，当您拍肖像时，您最想呈现的是什么？

**杰夫·考恩：**我最感兴趣的是一张肖像所没有呈现的，而不是它所呈现给我们的。如果我无法弄清楚一张肖像，那么它可能是一张好的（肖像）。对我来讲，一张肖像照并不是关于一个事件或某个主题，而是关于它的反面，没有时间和地点的限制，呈现的是永恒的精神。

**傅尔得：**您怎么判定一件作品已经完成了？一件完整的作品必须满足的基本标准是什么？

**杰夫·考恩：**除非艺术家说一件作品完成了，否则它永远没有完成。知道什么时候一件作品完成了，这其实是创作最难的部分：我想一位艺术家需要具备一位伟大的杂耍师的特质，为了使一幅作品产生功效，必须具有同时让一百个球弹向天空般的能力。对我来讲，艺术作品应该是简单的，而同时要具有非常神秘的复杂性。一件作品应该能将我们唤醒，在我们的人性前放一面镜子，把我们从自己和个人的独孤地狱中带领出来。它应以其力量对我们施展魔法，它应该指引我们走向沉默，并为我们开出一扇通往崇高的窗，它至少该提供给我们某种形式的超越。

**傅尔得：**您的作品有着很强的东西方之间的联系。一方面，我能在您的作品中捕捉到传统和现代的西方绘画，以及古希腊罗马的雕塑等的影响，另一方面，您作品中出现的亚洲面孔和对金色的运用，也传达出一种浓烈的东方审美。不知您是否这样认为，这是否跟您大学时到东京早稻田大学访学一年有关？

**杰夫·考恩：**是的，我对平衡东方和西方的审美很有兴趣。我曾在东京学习过一年的艺术、文学、建筑、音乐等，这些都很大程度上影响了我的艺术和视觉生涯。特别是，如果一件作品没有某种精神上的阐释的话，我就丝毫不会对其产生兴趣。在日本极简主义艺术中，他们对自然和事物的简单抱有极高的崇敬，还有什么比这更重要或更美丽的呢？

**傅尔得：**在纽约的"9·11"事件发生之后，您搬去了欧洲。这是为什么？我想您是一位有着国际视野的人，您曾经在纽约、东京、巴黎居住过，现在又定居在了柏林。为什么您会选择柏林，不同的地点对您的创作有什么影响吗？

**杰夫·考恩：**2001年"9·11"事件发生的时候，我正在距燃烧着的第一座塔约一百米的地方拍摄，当我从取景框内看到塔开始爆炸时，整个手臂上的汗毛都竖起来了，我赶紧逃命，还好我挺幸运。那时我住在唐人街，那一带当时遭到了空气污染，整座城市完全处于一片惊恐和沮丧之中。袭击发生之后差不多一个月，我就决定搬去巴黎。从那以后我就一直住在欧洲。我觉得环境对形塑一个人非常重要，毕竟，我们是在细胞层面上不断与周围环境相互作用着的活的有机体。对我来讲，柏林一直是一个谜，原因也很奇怪。柏林一直是最不吸引我的世界级城市之一，除了周围的自然环境，它没有给我视觉上的启发，这里的人也并不特别友善，所以，生活在这里总是令人不安。但是，柏林有一点非常好，柏林人有着完全的自由，他们想做什么就做什么，没有人在乎。柏林有着真正自由的艺术氛围，这令人陶醉。我到这边的第一年，做的作品不算好，但之后的就越来越深刻。柏林迫使我完全沉浸到自我的世

界中，因为我在这边几乎得不到外部的灵感，因此我都从自我内部去探索，现在我都是在拍摄我的内心世界。当我渐渐被周遭的丑陋压得喘不过气来时，我会跳上车到周围那些美不胜收的公园和森林去拍点东西，你能在这个难看的城市周边，看到世界上最美的树。

·原载于《城市画报》杂志2018年4月刊，有改动

杰夫·考恩（Jeff Cowen）

1966年出生于纽约，“9·11事件”后搬离纽约至欧洲，自2007年开始工作、生活在柏林。毕业于纽约大学，毕业之初，曾于1988—1990年担任摄影师拉里·克拉克的助理，1990—1992年担任摄影师拉尔夫·吉布森的助理。作品频繁展览于美国、德国、挪威、荷兰、西班牙、法国巴黎等国家和地区的美术馆和专业画廊。主要代理画廊为德国科隆的迈克尔·沃纳（Michael Werner Kunsthandel）画廊。

# 13

## 维罗妮卡·杰西卡丨Weronika Gesicka

## 摄影，一项记忆的外包工程

从来没有一个时代，拍照像今天这样日常，我们随时掏出手机，动一动手指，就能存下生活的瞬间，将瞬间变成永恒，似乎是摄影与生俱来的魔力。摄影以其对现实精准复制的天性，解放了我们对遗忘的恐惧。因此，我们放心地将记忆交给摄影，不放过任何一个小孩成长的瞬间，不放过任何一处抵达的风景，不放过任何一个欢聚的时刻。我们对当下的储存，也变得越来越贪婪，甚至不满足于手机，而渴望眨眨眼就能复制当下的谷歌眼镜。

随着堆在硬盘里的图片越来越多，摄影逐渐成为一项当代人记忆外包的巨大工程。为了记忆，我们对生活进行了一场浩浩荡荡的截屏运动，而记忆本身呢？

波兰摄影师维罗妮卡·杰西卡便对摄影的记忆功能进行了一场思辨和探索。她在网上买了一些美国20世纪五六十年代的家庭相簿老照片，以自己的想象对照片中的画面进行了再创造。

或许，距离是一种解放，距离带来的自由，可以让她越过文化、视觉等障碍，去更超然地观察熟悉的事物。作为一个成长、工作、生活在波兰的年轻人，维罗妮卡·杰西卡对远在美国的半个世纪前的照片进行

《踪迹》系列，© Weronika Gesicka

了各种想象的改造。

创作媒介间的传统界线正被当代艺术逐渐打破，今天的创作者们并不觉得他们受到严格的题材定义和传统的创作方式所限制，维罗妮卡·杰西卡便是一个例子，作为一个主要以摄影为创作手段的艺术家，她将自己图案设计和摄影学习的经历融合在一起，创作了呈现在我们眼前的《踪迹》（*Traces*）系列。在这个系列中，半个世纪前的家庭生活老照片，在她手中重新活了过来，画面荒诞、幽默，且带有很强的超现实意味。

每一张画面的意义，都飘忽不定，我们无法经由画面来确定维罗妮卡·杰西卡为每一张照片所设定的意思，可能她自己也无法说清楚。关键是，维罗妮卡·杰西卡并非要对老照片中的人物关系、情绪和环境进行考据般的确认，她只是要针对摄影所承载的记忆本身，进行一场视觉

《踪迹》系列，© Weronika Gesicka

化的呈现。

经过维罗妮卡·杰西卡加工过的画面，犹如我们醒来之后，无法确切描述的梦中场景，画面中无法解释的叠加物，荒谬的人物关系，以及毫无逻辑的起始和边界，都呈现出关于记忆的思考：摄影承载了哪些信息，传递了哪些信息？它能否随着时间的流逝而精准承载我们的记忆？摄影又是否为一种存留记忆的好方法？

当翻开家庭相簿时，我们总是期待它能唤起某些回忆。但当回忆打开，却发现眼前的照片，犹如沙滩上的画，似乎永远呈现出一种逐渐消逝的状态，正像我们无法对久远的过往进行精准的描述一般。

当今的网络时代，信息迭代加速，我们的生活节奏越来越快，而各种信息正以我们无法招架的速度进入我们的生活之中。当我们要记住的事情太多时，摄影就成了一种可依赖的工具，因此，现代社会正在进行着一场全民的记忆外包活动。当我们看到之前拍下的照片，便开始对画面进行解码，回忆打开的瞬间，画面背后的故事、情绪等都逐渐浮现出来。但此刻跑出来的画面，又是可靠的回忆吗？

摄影作为一种对生活的截屏、对当下场景的封存，它的确存留了记忆，但更多地，只是记忆的表面，而关于记忆本身呢？问题的关键在于，我们如何对画面进行解码。维罗妮卡·杰西卡在《踪迹》系列中，对远距离的老照片，进行了一种夸张的解码，这个举动本身，就说明了，摄影作为一种存储记忆的方式，并不是那么可靠。

其实，作为解码记忆关键的我们，内心景观中一直杂糅并存着真实和虚构的场景，所以，当我们观看维罗妮卡·杰西卡创作的记忆景观时，也就觉得，那些荒诞和超现实，竟如此真实地存留在我们的大脑中，或许，它们才是记忆的真实图景。

## 访　谈

**傅尔得：**能介绍一下你的《踪迹》系列吗？你是怎么开始这个系列

《踪迹》系列，© Weronika Gesicka

《踪迹》系列，© Weronika Gesicka

的？你的想法又是怎么随着创作过程的进行而发展的？

**维罗妮卡·杰西卡：**《踪迹》系列是我在买来的一些老照片的基础上进行的创作系列，主要是一些关于家庭日常、度假后的纪念品、日常生活场景等夹杂着真实和虚构的照片。踪迹是指标记或某物存在的证明，也是一种存在的证据，或者是对参与的确认，照片就是一种踪迹，一种记录了人、状态或瞬间存在的证明。我常常会到处找各地方的照片档案来看。有一次，我发现了一些照片，它们好像是从一本家庭相簿中被拿出来的，都是一些夫妻的合照、家庭度假照，以及一些家庭的场景等。照片都来自一个“照片银行”网站，它们主要收藏一些美国20世纪五六十年代的照片。我发现，照片中的人都非常自然、放松，当然，也有一些看起来像是摆拍的。我并不知道照片中的人究竟是什么关系，他们是否真的是家庭关系，或者只是为了其他原因摆拍出来的，我也只能从他们的姿势和眼神中来进行猜测，从这个意义上，照片就像某种遗留的《踪迹》，有些东西消失了，有些东西总是还在。我决定把这些照片混合在一起，创造出一本新的《家庭相簿》，一本夹杂了真实和虚构的记忆的目录。

**傅尔得：**作为一个摄影师，怎么想到要买老照片来进行创作呢？

**维罗妮卡·杰西卡：**我本来就对各种档案资料照很有兴趣，特别是那些从照片上看不出究竟发生了什么，也无法判断在哪里拍的或拍摄目的的照片。这样的照片让我有一个很广的创作可能，去解释和推测画面中的内容。并且，“照片银行”本身也很有趣，你可以跟他们买数千张不同人的照片去做任何你想要做的事情。那些卖照片的人，并不会干涉别人怎么用他们的照片。

**傅尔得：**你处理过的照片，很多看起来很超现实且有点令人不安，在处理过程中，你的触发点是什么？

**维罗妮卡·杰西卡：**在每张原始老照片中，我大概都能找到一个兴

《踪迹》系列，© Weronika Gesicka

《踪迹》系列，© Weronika Gesicka

趣点，来让我创作一张有新的故事和情景的历史照片。比如，照片中的物件、环境、人物的姿势等等，都可能会触发我的灵感。那些在一开始没有注意到的细节，如果之后被我发现，也会成为我创作的兴趣点。我试着去模糊原作和处理过的画面之间的界线，那些看起来多多少少不太真实的画面，也正是我们记忆的真实状态。

**傅尔得：**处理那些老照片时，有些什么样的挑战？

**维罗妮卡·杰西卡：**对档案照进行处理，也因为是在别人的想法和作品上进行处理，还是觉得挑战性很大。比如，我试着在照片中加入我的想法，但往往在这个过程中，会同时损失一些画面本身的个性。

**傅尔得：**你试图通过这个系列回应哪些思考？

**维罗妮卡·杰西卡：**有很多，比如，从老照片中，我们得到什么信息？一张照片到底记录了什么？一张没有文字注解的陌生人的照片，到底是将我们与过去拉近，还是带来了更多的疑问？我们真的能掌控数十年之后人们对一张照片的理解吗？照片一直以来都是我们存留证据的最好方式吗？我想，在今天拍照更方便和信息便利流通的互联网时代，这都是很重要的问题。

**傅尔得：**这个系列，主要是围绕着记忆进行创作，你怎么看待记忆被操控的问题？

**维罗妮卡·杰西卡：**我并不是把这些照片看成任何事情的存在证据，而看成是随着时间而不断经历着变化的记忆。我们大概都经历过这样的状况，对童年的记忆其实都不太清晰，但当我们回忆时，总会添加各种各样新的画面和故事进去。有些事情我们会记得更清楚，但有一些总是模糊不清。我们经历过的关系，总是有些依旧亲密，而另一些则会被我们遗忘。我觉得，不带偏见的记忆不曾有过，而看起来不带偏见的照片，仅仅只是一种表象罢了。

**傅尔得：**在一个智能手机和数码相机的时代，图像的处理和传输都变得非常惊人，你怎么看待照片保存记忆的重要性？

**维罗妮卡·杰西卡：**我想，我们每天都在拍摄和上传大量的照片，这可能是出于对遗忘的恐惧。拍照的便利，也在诱惑我们尽可能多拍。一方面，这的确是一种保存记忆的方法，但另一方面，这也有可能剥夺了你享受当下的乐趣。现在，我们很难忍住不去记录生活中的每一个瞬间，结果是，我们开始透过手机和相机在过滤现实。

**傅尔得：**哪些事情对你的创作产生过影响？

**维罗妮卡·杰西卡：**有很多。生活中不经意遇到的东西常常会影响我，比如一篇文章，一个听来的故事，或者是某个电影中的场景等，都会触发我思考一个新的系列的创作。我常常翻看各种不同的照片档案或图书馆的收藏，最近也常在网上找一些图片。如果我对一个主题感兴趣，我会尽可能地到处搜集各种各样的信息，无论是书、论文、照片，还是在网上，等到想法成型了，我就开始着手实施这个计划。当然，也有很多潜意识的灵感会浮现。总之，我们每天看到的听到的，都会影响我的创作。

·原载于《城市画报》杂志2016年6月刊，有改动

维罗妮卡·杰西卡（Weronika Gesicka）

1984年生于波兰的弗沃茨瓦韦克，毕业于华沙美术学院图案设计系及华沙摄影学院，获得过波兰文化及国家遗产奖学金，2017年入围阿姆斯特丹摄影博物馆“才华新人”（FOAM Talent）。目前正在进行有关记忆及其运行机制的项目，以摄影为主要的创作方式，也会进行手工创作。

# 14

## 洛伦佐·维图里 | Lorenzo Vitturi

## 二维空间中的有机雕塑

摄影艺术家洛伦佐·维图里（Lorenzo Vitturi）擅长以其独具审美的临时性雕塑，来记录当今世界某些城市的特定场域在一场不可阻挡的全球化、城市化、文化融合进程中的变化，以及人们在这一变化之中的生存处境。

虽然洛伦佐·维图里的主要创作方式是混合了绘画和拼贴的装置性雕塑，但最终，他都会将这一切以摄影来呈现。他的雕塑并不具有永久的固定性，无论颜色、形状和造型等，都会因其在当时当地所选材料的有机性和易腐性，而不可控地迅速发生变化。因此，在洛伦佐·维图里的创作中，摄影承担了能将其有机雕塑变成“生物化石”的关键角色，意在将临时与速朽凝固成永恒。

现实世界瞬息万变，于这变化中捕捉关键场景，是摄影这一媒介的特性。但洛伦佐·维图里并不想被拍摄对象所直接支配，他没有将镜头直接对准其探究对象，而是在对现实进行了分析和提炼后，再以特定的材料作为基础内容，来构建一个符合其再现对象本质的色彩和形式，终而，以摄影来固定其对变化中的环境的再现与思考。

无论是其最早的《达尔斯顿解剖》（*Dalston Anatomy*）系列中，伦

《达尔斯顿解剖》系列，2011—2013；© Lorenzo Vitturi

敦东区聚集了少数族裔的当地市场，因着该地的经济发展和中产阶级化而导致的逐渐消亡；还是其《必须赚钱》（*Money Must Be Made*）系列中，尼日利亚拉各斯老城区原先的经济中心，因为现今日渐嘈杂兴盛的街头市集而引发的一场反中产阶级化的现象，而最终导致该中心的逐渐凋敝，洛伦佐·维图里都对其所发生的变化进行了创造性的再现。

他将取材于当地市场的特有器物、织物、少数族裔的本地特产、水果、食物等等，于其工作室内进行创造性地堆叠和固定，并以不和谐的质地和色彩，搭建、雕琢出独特的抽象的造型，以在这混乱和秩序中，构建出一种平衡的张力。以如此有机的随时在变化和腐烂中的雕塑，洛伦佐·维图里呈现了其对不同城市中特定环境的变化的关注，以及对生

《达尔斯顿解剖》系列，2011—2013；© Lorenzo Vitturi

活于其中的族群的身份和命运的观照。

洛伦佐·维图里的创作，一开始便在渴望求新纳锐的影像艺术界受到了不同寻常的欢迎。2013年《达尔斯顿解剖》系列甫一问世，便让洛伦佐·维图里成了摄影艺术界的新宠。同年，阿姆斯特丹摄影博物馆（FOAM）率先为其办了个展，随后的2014年，伦敦的摄影师画廊（Photographers’ Gallery）和弗劳尔斯画廊（Flowers Gallery），以及纽约的约西·米洛画廊（Yossi Milo）这三个颇有影响力的摄影画廊，都纷纷为其办了个展。此外，由著名独立出版社“自我出版”（Self Publish，Be Happy［SPBH］）为该系列出版的摄影书，不仅得到了马丁·帕尔（Martin Parr）、埃里克·索斯（Alec Soth）等摄影界重要人物的推崇，而且也分别被光圈基金会和MACK出版社列入当年的“第一本摄影书奖”提名。

《达尔斯顿解剖》系列，2011—2013；
© Lorenzo Vitturi

对艺术家来讲，一开始便大获成功和广受认可，既是幸运也是枷锁，而如何跳出既有的创作模式和框架，转型进入下一个阶段，是衡量一位艺术家创作生命力的关键。2020年1月底在FOAM落幕的洛伦佐·维图里十年作品回顾展中，其最新的系列《徒步旅行者》（*Caminantes*）第一次亮相。与以往局外人的视角不同的是，通过这个追溯自身家族多元文化起源的系列，洛伦佐·维图里将对外部世界的关注转移到了其自身。

洛伦佐·维图里的父亲原本在意大利威尼斯慕拉诺岛从事玻璃生意，在移居秘鲁后，开了一家穆拉诺玻璃厂，并在那里遇到了洛伦佐·维图里的母亲。洛伦佐·维图里意在通过自己的家族史，来探索威尼斯和秘鲁之间不同文化的碰撞与融合。

随着新自由主义经济而来的一场浩浩荡荡的全球化进程，不同国家、种族的人群在加速流动中的融合与碰撞，成了当今世界的重要议题，特别是在纽约、伦敦等多元文化混杂的大城市。新作《徒步旅行者》系列，便是洛伦佐·维图里以自身作为当下趋势的个体缩影，来探索多元文化的融合的尝试。

虽然这次关注的议题不同，但洛伦佐·维图里却延续了和以往大体一致的创作模式，也即用其于当时当地随身所能获取的具有象征性的材料和元素，如威尼斯的穆拉诺玻璃和秘鲁有辨识度的织物等，来搭建一个个有机的雕塑。虽然有些许审美雷同，但其用不同的现成物所构建的如达达主义和超现实主义的雕塑，依旧因其色彩、纹理、质地和造型，而仍不失视觉吸引力。特别是这次，他将雕塑放置于更广阔的空间之中，这些如大地艺术般的作品，将我们带往了关于更广阔的空间与人，与文化的融合、流转之间的思考。

## 访　谈

**傅尔得：**可以跟我们说说你最新的系列《徒步旅行者》吗？这个系

列的创作初衷是什么？这个系列将焦点放在了你自己身上，与你一向将视角放在外部现实世界有所不同。你这种由外而内的视角的转变是基于什么原因？

**洛伦佐·维图里：**的确，这是我第一次关注一个更个人化的主题。在《达尔斯顿解剖》和《必须赚钱》两个关于我所熟知的现实的系列之后，我第一次在《徒步旅行者》系列中，决定从我的家庭出身出发进行创作。事实上，我花了很长时间来构思这个关于我自身混合血统的项目，其内容涉及威尼斯和秘鲁。我想，详细地阐述我的家族史，会让我更好地理解多元文化的主题，也用以满足我对不同文化融合背后的动力的兴趣。这个项目并没有一个预先的计划，只是想法来了，刚开始只是我内心的一个想法，然后它慢慢地发展，直到成为一件紧迫的事情。

**傅尔得：**在《徒步旅行者》系列中，你的雕塑有什么区别于以往的特点吗？我发现，你这一次创作的雕塑，不仅其自身变得更庞大，而且其所处的空间也更为广阔。你将具有独特视觉性表现的雕塑，从以往的

《必须赚钱》系列，2015—2017；© Lorenzo Vitturi

洛伦佐・维图里工作室，© Lorenzo Vitturi

街道上和工作室内，转移到了更广阔的空间中，如大自然的旷野中和水面上等。为什么会发生这样的空间转换?

**洛伦佐・维图里：**对每个项目背后的概念而言，我的雕塑在美学上都是功能性的。在《达尔斯顿解剖》系列中，有着多元文化的伦敦街区的活力和脆弱性，由在当地市场收集而来的碎片和有机物等做成的雕塑的构成部件之间互相造成的短暂影响所转译出来，雕塑的规模也因我在伦敦工作室的大小所限定。而在创作《徒步旅行者》系列时，情况和环境就已经完全改变了，我的工作室变成了无限的秘鲁景观、沙漠、安第斯山脉的山峰和平坦的威尼斯潟湖等，这些新的创作空间和环境也改变了我创作雕塑的方式。另一个重要的因素是，在《徒步旅行者》系列中，

大部分的雕塑都是我在旅行途中制作的，因此使用的是便携式工作室和在旅途中发现的材料，这导致我的雕塑更粗糙也更大，而这些杂交生物式的雕塑，不但标志着我旅程中的重要步骤，也混合了我自身所融合的两种文化元素，比如威尼斯的毛玻璃和秘鲁的纺织品等。这些雕塑不仅有着诗意的价值，同时也是某种仪式的见证，通过这样重复的创作行为，我能在情感上更接近自然环境中的文化、血缘纽带，由此更好地理解我自身的起源。

**傅尔得：**你为什么一开始便采用了雕塑这一独特的视觉表达方式？一般来讲，你在创作一座雕塑时，在对材料的选择上会遵循什么原则？而在组装雕塑的过程中，你又会遵循哪些原则？

**洛伦佐·维图里：**其实，我不会说雕塑是我的主要视觉表现方式。对转变及其过程的迷恋，自然地引导我去尝试新媒介，如从玻璃制作到拼贴，从绘画到装置作品等。作为一个艺术家，我创作的灵感和基础在于将现实生活中永远不会有机会共存的材料组合在一起。我相信这种非理性的并置会让我和观者去发现和体验新的意义。我对材料的处理接近于“万物有灵”论：我相信用于雕塑的每一个物件和材料都有一定的力量和内在的意义，我也相信，通过摆弄和并置这些物件，它们的内在意义可以被激活，每一个物件都能传达某种信息，当它们与其他物件并置时，又会产生不同的意义，其实这就像是原始字母表，灵活多变，随时可能发生变化。我在创作雕塑的过程中所遵循的主要原则，就是把握混沌与秩序之间脆弱而又狭窄的界限。

**傅尔得：**你的雕塑大都具有易变和临时的特性，而与之相对应的则是永久与固定性，而我们知道，摄影恰恰是固定和具有永久性的二维静止画面。你的摄影作品，将具有空间感的三维性和第四维的时间性，都容纳在了二维的平面影像中。基于此，我感兴趣的是，你如何看待摄影和雕塑在你的作品中的关系？这种关系在你多年的创作中，有曾发生过

变化吗？

**洛伦佐·维图里：**是的，你说对了，我很高兴你提到了时间这个维度。我认为摄影媒介通过图像排序来处理时间的能力对我的实践是至关重要的，尤其是在《达尔斯顿解剖》系列中，当时，我想通过在工作室内拍摄雕塑作品在演进中的不同阶段，来重新创造我在伦敦东区的雷德利路当地市场里所感知到的于日常生活中所发生的建设与破坏之间的自然循环。摄影有助于借用时间的维度来保存我的作品，但这只是一个方面，同时，它也可以帮助我颂扬这些雕塑的短暂本质。我还对摄影和雕塑之间的关系很感兴趣，我想要知道这两个看起来很遥远的门类是如何在我的作品中交织在一起的。我对制作一个三维物体的过程很感兴趣，而我建造它们的唯一目的，就是为了拍摄。对我来说，经由眼睛来观察照片中的雕塑更为重要，可以由摄影的二维凝视来感知雕塑本身的大小和空间。而雕塑中的每一个变化和每一处添加，都伴随着一张照片的拍摄。以这种方式，雕塑和摄影这两种媒介得以在一个有机的过程中融合在一起。我的拍摄就像凿子一样，让我知道下一步如何进展。而我还发现，雕塑短暂性的一面在当今社会也尤为尖锐，在当下的媒体时代，没有被拍下和传播出来的东西，几乎就等于不存在，因为存在极其依赖于它如何被表现。

**傅尔得：**从你最广为人知的系列《达尔斯顿解剖》开始，到《德罗斯特效应、碎片和其他问题》（*Droste Effect*, *Debris and Other Problems*），再到《必须赚钱》系列，等等，强烈的色彩一直都是你作品的一大特色。色彩在你的创作中承担着什么样的角色？

**洛伦佐·维图里：**色彩在我的艺术实践中的意蕴是如此之深，以至于我很难解释我与色彩的关系。首先，对我来说，颜色是这个世界上生命独特性最清晰和最直接的标志。在我们已知的宇宙中，地球是唯一拥有丰富和多样化生态系统的星球，因此也拥有着动态的颜色光谱。火星主要是橙色的，水星是深灰色的，金星是黄白色的，而我们所能找到唯

《徒步旅行者》系列，2019；© Lorenzo Vitturi

一富有色彩的地方，就是我们所生活的亲爱的地球，我觉得这简直难以置信，因为颜色意味着生命。同样让我感兴趣的是，事实上，颜色只是视觉的主观活动的产物，而视觉本身就是一个在我们的眼睛和大脑中发生的过程。颜色既不是固定的东西，也不是一成不变的，每个人在不同的时刻对颜色的感知是不同的，这就如魔法一般。作为一个创作者，能够与这些物理过程进行互动，这让我非常兴奋。通过光和大脑的作用，能够将色彩短暂的存在转化为一种信息。让人着迷的是，这些即使是我创造出来的丰富多彩的信息，在接收它的人眼中，也会经历同样的变化过程。对我来说，颜色跟音乐一样，是一种直接的、普遍的交流方式。

**傅尔得：**我觉得对身份问题的关注，是贯穿你创作的一条主线之

一，不知你是否认同这一点？从《达尔斯顿解剖》系列中你所关注的亚非拉市场上的人群，到《德罗斯特效应、碎片和其他问题》系列中承受城市中产阶级化后果的人群，到《必须赚钱》系列中处于世界经济链条中一员但仍努力为生活挣扎的西非人群，等等。在这些系列中，你的作品呈现出你是一个具有平等、民主视角的旁观者。但是，即使你的作品中出现了人物肖像，具体的人和故事却没有在你的作品中出现，为什么？

**洛伦佐·维图里：**人类是一种以自我为中心的动物，总是认为自己是世界的中心。我认为像石头、静物等无生命的事物，也都有很多故事可以讲，尤其是关于它们的人类伴侣。在我所创作的雕塑中，一个腐烂的木瓜和一块精美的穆拉诺出厂的玻璃，都一样有着同等的尊严。某种程度上，在我的工作室里，材料是民主的。我的作品的确有讲述特定人物的故事，但每个故事都是支离破碎的，并且和其他故事相互结合在一起，这些故事都是由一系列类似字母表中字母的不同物体和物质等作为基础经搭建来进行讲述的。物质不会撒谎，它们能被过滤的信息不多，而且有着更少的社会约束，在某种程度上它们更真诚，因为它们无法掩饰自己的存在。

**傅尔得：**从《达尔斯顿解剖》到《必须赚钱》系列，你的作品都呈现了你对变化中的社会现实的敏锐反应。你如何看待摄影在呈现全球化和文化多元等议题时的表现？

**洛伦佐·维图里：**我不能代表整个摄影业界，但就我的作品而言，比起全球化本身，我更被身份这一议题所吸引，不管是分散在大都市中的各地社区的身份，还是原始事物的独特性等。现今，什么是真实的这个问题变得至关重要，而当我在创作的时候，总是会试图向自己提出这个问题。

**傅尔得：**你曾有提到影响过你的艺术家中，有电影导演费里尼

《徒步旅行者》系列，2019；© Lorenzo Vitturi

（Federico Fellini），以及摄影师路易吉·吉里（Luigi Ghirri）和乔－彼得·威金（Joel-Peter Witkin），还有其他人吗？他们主要在哪些方面对你产生了影响？

**洛伦佐·维图里：**从吉里那里，我学会了动用大脑而不是用眼睛来构图；费里尼告诉我，最好的现实主义是由那些幻想家创造的；而从威金那里，我明白了即使是最残忍和可怕的题材也隐藏着美。我可以在这个名单中添加更多的艺术家，但是那样做的话，这个列表就太长了。通常来讲，对我影响最大的艺术家都有一些共同之处：他们都自学成才，也都不属于任何学校或学院，尽管如此，他们仍然可以通过自己的努力，建构一种以有助于他们揭示时代精神的新的独立的语言，以及一个富有远见的世界。

·原载于《城市画报》杂志2020年5月刊，有改动

洛伦佐·维图里（Lorenzo Vitturi）：

摄影师、雕塑艺术家。1980年出生于意大利威尼斯，毕业于罗马的欧洲设计学院，目前工作、生活于伦敦。作品个展于诸多一线摄影美术馆、画廊，并且两次于阿姆斯特丹摄影博物馆（FOAM）举办个展。由独立出版社"自我出版"为其2013年出版的《达尔斯顿解剖》和2017年出版的《必须赚钱》，都受到了业界及媒体的广泛欢迎和肯定。其作品由弗劳尔斯画廊（Flowers Gallery）代理。

# 15

## 梅根·瑞普霍夫 | Meghann Riepenhoff

## 变化才是唯一的永恒

在欣赏美国摄影师梅根·瑞普霍夫富有特色的动态蓝晒作品时，与其说她将海岸带到了我们面前，不如说她将我们带到了海岸边。

她的作品既不同于绘画，也不同于摄影。她并不是以人作为主体来一笔一笔地描绘景观，也不是用胶片和相机对景观进行拍摄，而是以一种充满创意的蓝晒法，直接从大自然中获取印记，让自然本身作为创作者，成为创作的主体。同时，她挑战了摄影的时间概念，她并非将瞬间的景观凝固于胶片中，而是通过创意的蓝晒法，让作品一直处于和阳光的反应过程中。所以，如果你有一幅梅根·瑞普霍夫的作品，每隔一段时间拿出来欣赏的话，大概会发现，每次都会有微妙的不同。以梅根·瑞普霍夫自己的话说，她的作品，是按照地质时间的长度来衡量的，她想要通过拉长时间的单位尺度，来改变我们对摄影时间概念的通常理解。

在最初按照自己的方法创作时，梅根·瑞普霍夫还专程询问过化学相关领域的专家，她也想知道自己的作品在一百年甚至更长的时间之后，会是什么样子，而她得到的答案是：结果并不确定。因此，动态成了她作品的核心要素之一，若从形而上来讲，不确定性与我们自身及周遭

《滨海漂流》系列 # 464（班布里奇岛，华盛顿州，12.07.16，在七个海浪间的冰冻和融化中曝光），2016，48 张动态蓝晒；© Meghann Riepenhoff; Courtesy of Yossi Milo Gallery, New York

环境的存在状态，达到了某种程度上的统一。我们一直向往永恒，渴望不变，然而，变化才是唯一的永恒。

梅根·瑞普霍夫通过对蓝晒法进行部分的化学处理，来达到永恒的变化这一点。蓝晒是自摄影术诞生以来最古典的固定影像法之一，而且也相对稳定，因此，我们至今依旧能够欣赏到植物学家安娜·阿特金斯在170多年前以蓝晒法制作的藻类植物影像。她以这种方法制作了摄影史上的第一本摄影书，这部如今无比珍贵的只有17个副本的书，虽然只能在世界最主要的图书馆中欣赏到，然而，却也成为梅根·瑞普霍夫的创作灵感来源之一。

梅根·瑞普霍夫在纸基上涂上化学乳剂，等其晾干后带到户外，将它们暴露在自然环境中。绝大部分的时候，她会让纸基部分浸入不同地

方的海浪中，而有时，她也会在暴雨时将其挂在树枝上，或者在冬天时将其埋入雪堆中。当海浪、盐、雨雪、沙子、碎屑和其他杂质等，和阳光中的紫外线一起在纸基上进行反应时，就会出现意想不到的景象，不过创作过程到此还没有结束，在最后的显影步骤中，梅根·瑞普霍夫进行了保留式的处理，她并没有完全洗去纸基上残留的化学物质，因此，她的作品会随着时间的推移和环境的变化，永远处于变化之中。

2017年展出的《滨海漂流》（*Littoral Drift*）系列，便是借由自然的海岸景观，对变动所进行的探讨。沙子和泥沙在风和波浪的作用下沿着海岸漂移，梅根·瑞普霍夫让这一过程自身进入了相纸内。在显影冲洗中，她在纸上残余了部分药剂，因此，作品的颜色可能会随着时间进行波动，而相纸上的盐类晶体也可能会持续在表面绽放，这回应了这个系

《滨海漂流》系列 # 465（班布里奇岛，华盛顿州，11.28.16，在五个海浪中曝光），2016，20 张动态蓝晒；
© Meghann Riepenhoff; Courtesy of Yossi Milo Gallery, New York

《滨海漂流》系列 #424 白点海滩（White Point Beach），（班布里奇岛，华盛顿州，05.20.16，三个波浪曝光），2016；三联作动态蓝晒；© Meghann Riepenhoff; Courtesy of Yossi Milo Gallery, New York

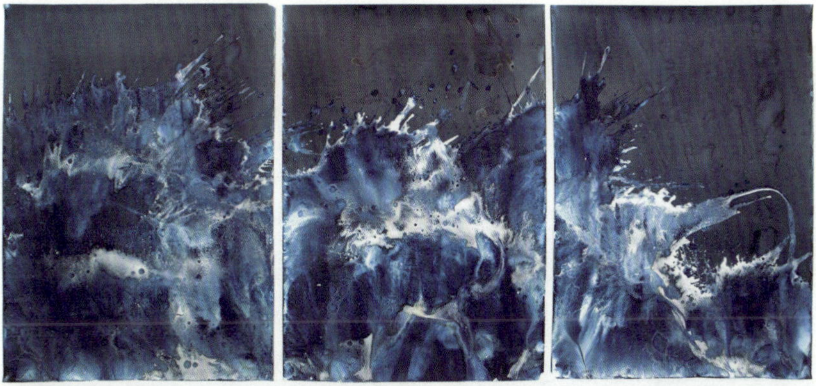

《滨海漂流》系列 #844 白点海滩（White Point Beach），（班布里奇岛，华盛顿州，11.28.17），2017；© Meghann Riepenhoff; Courtesy of Yossi Milo Gallery, New York

《滨海漂流》系列 #1245（班布里奇岛，华盛顿州，02.20.19，斜坡海岸上波浪翻滚曝光），2016；三联作动态蓝晒；© Meghann Riepenhoff; Courtesy of Yossi Milo Gallery, New York

列的主题漂流的移动特质，而从更广阔的层面上，这种自然自身持续进行的创作，将无常、不确定性和时间等变成了主题，反映了一种超乎人类生命所能经历的更永恒的动态力量。

站在梅根·瑞普霍夫的作品前，若闭上双眼，我们仿佛走到了海边，仿佛脚底踩着细沙，感受脚边或轻柔或汹涌的海浪，在海浪的起伏游走间，泡沫在脚踝处的集体熄灭带给皮肤的收缩感，夹杂着带有咸味的海风一起，将海的能量带给了我们。而睁开双眼时，我们若仔细看看画面中的纹路，甚至能辨别到沙粒和海水移动的方向。

梅根·瑞普霍夫的作品是对自然的真实切片，其将我们对自然精神的体验，对时间与空间的体验等，都浓缩在了其中。如果说这些作品能带来一种精神上的享受，那便是哲学意义上对人的存在的感知。

梅根·瑞普霍夫不仅处理了人与自然之间的联结与反应，随着项目的进行，她更深入人与自然、环境之间的控制层面上来。

如果说《滨海漂流》探讨的是人类对自然的审美需求，那么，梅根·瑞普霍夫在接下来的2019年展现给观众的作品《交错带》(*Ecotone*)系列，则探讨了社会性和现实性的层面，这个系列通过更为几何式的抽象呈现，探讨了自然循环、人类对自然环境的互动、干预、索取与破坏，也即环境的恶化。

由于工业及社会的发展需求，人类对环境的破坏以及随之而来的极端天气开始频繁出现，梅根·瑞普霍夫开始携带着纸基，寻找那些处于危险境况中的水域，并以其作为曝光对象。如正经历历史最低水位的美国犹他州的大盐湖，位于旧金山太平洋沿岸聚集了工业废料的有毒海滩等。此外，她还在相纸上呈现了极端天气，如将纸曝光在连续几天的暴风雨中，而且，她还将纸进行折叠以隐喻人类对自然所进行的干预，如此，狂风和雨滴在纸上则会形成十字或几何图形。最后形成的画面中，我们不仅能欣赏到自然本身强大的能动性，还能看到在人为干预之后的图案走向，这向我们提出了一个问题：我们如何想象自己与环境的互动？

《滨海漂流》系列 #424（Tellen木屋，希博伊根县，威斯康星州，01.13 —15.16，积雪掩埋，隔夜风暴和冰柱消融），2016；动态蓝晒法，纸张正反面；

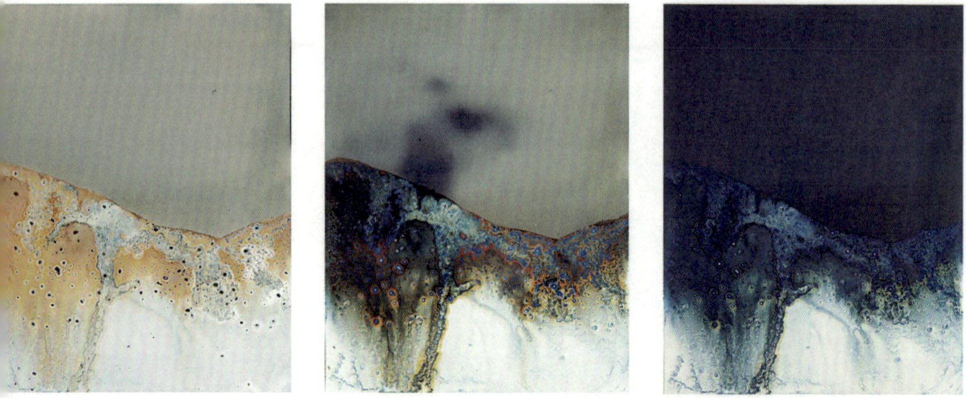

《滨海漂流》系列 #13 白点海滩（White Point Beach），（48 小时曝光时间内的三个时刻，Rodeo 沙滩，加州，07.21.13），2013；
© Meghann Riepenhoff; Courtesy of Yossi Milo Gallery, New York

如果说《滨海漂流》和《交错带》两个系列之间存在着递进关系，那便是从自然之于人，到了人之于自然的深入探索。梅根·瑞普霍夫从我们对自然的精神享受，跨越到了对人类因自身的发展而对环境进行破坏的社会批判中。

通过基于现实的影像创作，梅根·瑞普霍夫隐喻了当代的人类经验，我们从中感受到了感性与理性交织的双重奏。除开人类与环境的交互关系，这些基于现实景观的抽象性影像，无疑将我们送进了一个对时间与空间进行体验与感知的精神维度之中。

## 访 谈

**傅尔得：**我想知道是什么启发您进入了摄影领域？而您是如何发展出自己的独特面貌的？

**梅根·瑞普霍夫：**我大学时主修绘画，但选修了一些摄影课程。我

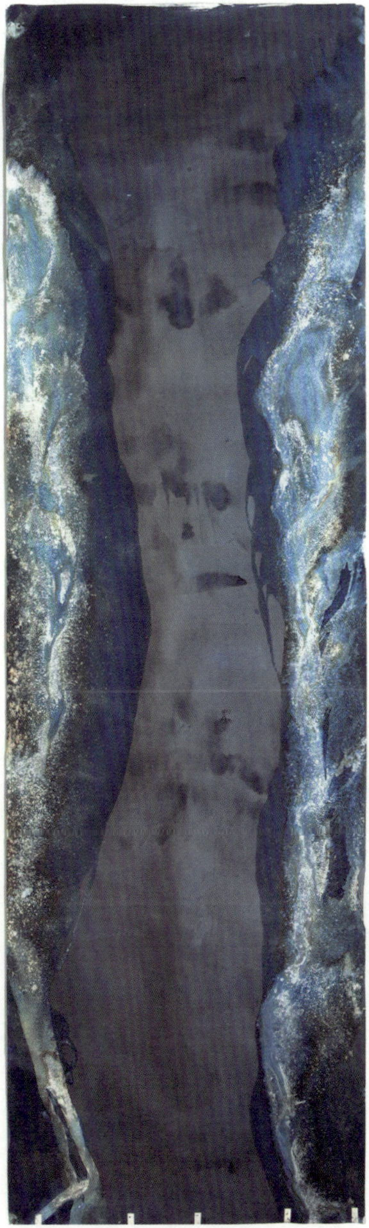

的老师非常棒，他让我对摄影真正产生了好奇。我喜欢魔力一般的暗房，很享受在里面观察作品冲印的过程，以及制作针孔相机等。最后，我迷上了传统的彩色冲印。要说到作品的独特性，我的风格是在很多时间和创作的基础上发展起来的，同时也经历了多次的尝试和失误，由此最终形成了属于我的独一无二的影像。

**傅尔得：** 您的作品被外界称为无相机式影像与景观和海洋融为一体的独特的动态蓝晒。在创作过程中，时机在多大程度上影响了您的作品？

**梅根·瑞普霍夫：** 时机的确是我在创作中的一个主要因素。在某种程度上，我所有的蓝晒作品都是在研究我们如何处理与周围环境的关系，包括我们如何感知对景观的

《滨海漂流》系列 #204（弗莱彻湾路尽头，班布里奇岛，华盛顿州，03.05.15）；© Meghann Riepenhoff; Courtesy of Yossi Milo Gallery, New York

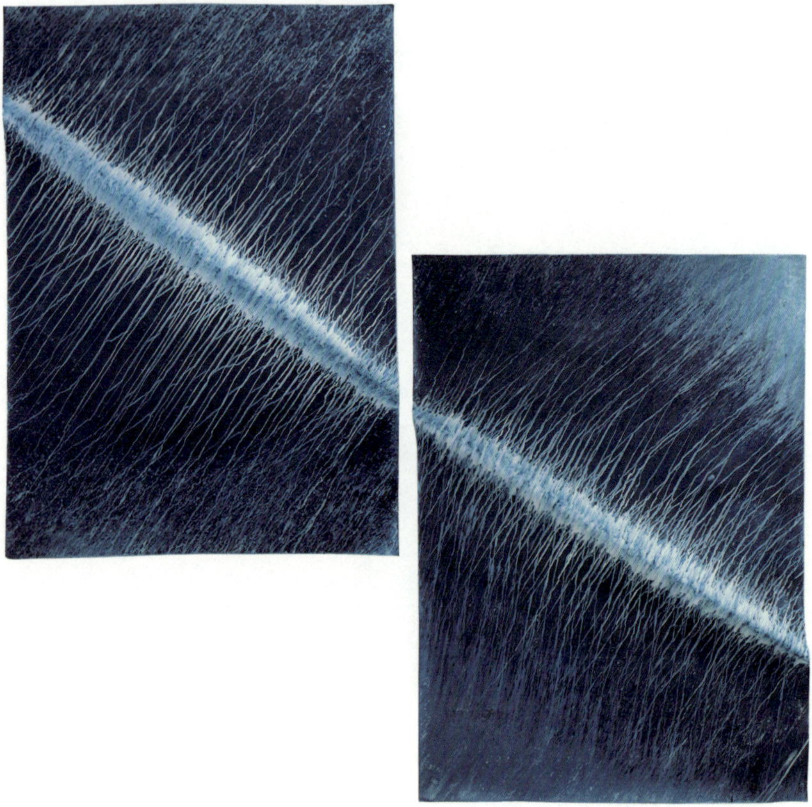

《交错带》系列 #311（班布里奇岛，华盛顿州，03.21.18 + 03.26.18，雨从四面八方落下来）；


控制等。我从2012年开始进行《滨海漂流》系列的创作，从那时开始，我创作的很大部分都是基于偶然。现在，随着时间的大量累积，在某些情况下，我已经可以预测到一张作品最后大概会如何呈现，但即便如此，在创作过程中还是会出现让我感到惊讶的新东西。

《交错带》系列 #296（班布里奇岛，华盛顿州，03.26.18，阳光明媚的天气，将曝光的纸挂在树枝上）；© Meghann Riepenhoff; Courtesy of Yossi Milo Gallery, New York

**傅尔得：**在通常情况下，您如何运用海浪、雨水、风和沉淀物等来进行创作？能说说您在拍摄过程中遇到的困难吗？而您又是如何克服的呢？

**梅根·瑞普霍夫：**自然景观的环境往往是一个主要的挑战。那些平静的海浪常常会把我的相纸和装备带走，但好在，这些浪又会将它们带回来。风也会把我的相纸吹到海滩上，还有狗和孩子们会从我的相纸上跑过。有时，强烈的暴风雨会浸透我的相纸，将其毁成碎片。印象中最具挑战性的事情之一，便是我当时的所有作品都冻在了地上。我尝试过用盐和一种专门清除道路上的冰的工具，来把相纸解冻后从地面挖出来。那样能救回一些，但有一些就完全不可能拿出来了。在创作时，我

需要保持平衡，我明白与自然进行合作，便意味着将面对意想不到的事，而同时也要创造性地找到相应的解决方法。

**傅尔得：**正因如此，您的画面中常会有一些无法控制的东西，您如何看待摄影的无常和不可控性？

**梅根·瑞普霍夫：**摄影是一个超级有趣的领域，自从被发现或发明以来，它便一直在重新定义自己。从19世纪到现在，每一种新的成像方法都会产生新的图像，同时教给我们新的观察方法，我对摄影媒介的这点很是着迷。对于制造商来说，制造具有“档案”性质的材料的压力很大，如在作品保存方面，图像持续的时间会越来越长，但这似乎也忽略

《交错带》系列 #601（咆哮叉河流域，阿斯彭，科罗拉多州，02.11—12.19，将纸埋在积雪中）；© Meghann Riepenhoff; Courtesy of Yossi Milo Gallery, New York

了一个基本事实，即所有的东西都会随着时间而改变。图像，其实跟雕塑、绘画、河流、海洋，甚至人一样，都会随着时间的推移而改变，并不断回应着环境。如果要看到这种变化，我们可能需要改变时间的尺度，比如，以比人类平均寿命更长的时间尺度来看。但无论我们是否能观察得到，这种变化都是存在和真实的。我决定接受摄影图像的潜在动态可能性，并以一个地质时间的尺度，来看待一件作品的生命周期。

**傅尔得：**如您的创作方法，您对一个地方的摄影探索不仅是视觉上的，而且还是自然和物理上的。就作品来看，您认为是观者瞥见了照片所在的地方，还是那个地方通过您的创作在回头看我们？

**梅根·瑞普霍夫：**我的每一张照片都像是某个地方的“指纹”，因为那个地方的特定时刻和地点也嵌入了照片之中。我也给这些图片都加

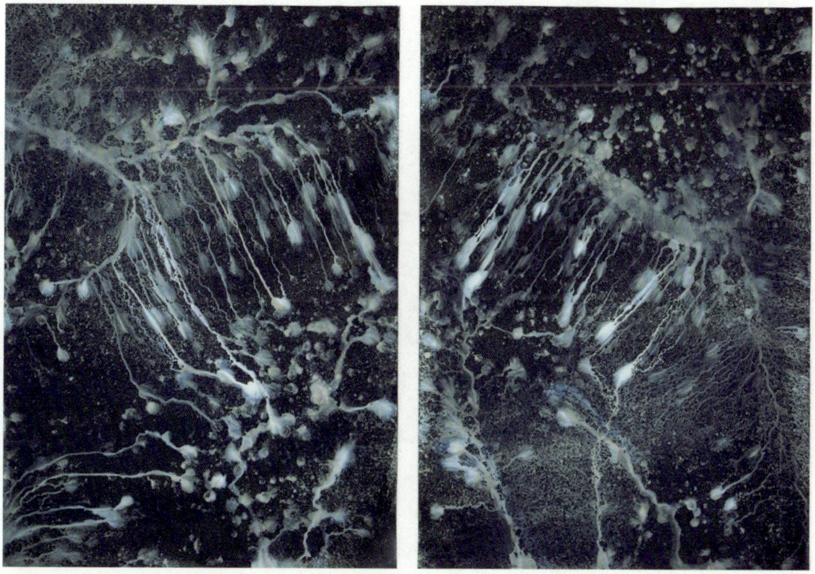

《交错带》系列　#607（双联作，班布里奇岛，华盛顿州，02.24.19，挂在石墙上，木兰花树的碎枝叶穿透纸基而下）；© Meghann Riepenhoff; Courtesy of Yossi Milo Gallery, New York

《交错带》系列 #630（班布里奇岛，华盛顿州，02.16.18，埋在融雪中）；
© Meghann Riepenhoff; Courtesy of Yossi Milo Gallery, New York

《交错带》系列 #604（阿斯彭，科罗拉多州，02.09—10.19，纸历经降雪和冰柱融化）；
© Meghann Riepenhoff; Courtesy of Yossi Milo Gallery, New York

《交错带》系列 #617(班布里奇岛,华盛顿州,12.14.18 + 01.03.19,雨从四面八方落下来);© Meghann Riepenhoff; Courtesy of Yossi Milo Gallery, New York

上了具体的地点、日期等信息。就信息来讲，地点有可能完全是模糊的，然而，我认为这样可以将对非常具体的地方的记录，转化为对海洋的浩瀚、崇高感等更为集体性的理解上来。

**傅尔得：**我想知道，从《滨海漂流》系列到《交错带》系列，您的关注点发生了哪些变化？这些变化是否影响了您对摄影的看法？

**梅根 · 瑞普霍夫：**这两个系列完全扩展了我的观看和思考方式，特别是关于无常、时间、物质、协作和混乱等概念。我最喜欢那些能引发问题的影像，因为能不断地激发出我的新想法。

**傅尔得：**经常有人拿您的作品和抽象画做比较，比如用色彩来表达

情感的马克·罗斯科（Mark Rothko），用单色光的物质性和非物质性来表达精神存在的詹姆斯·特瑞尔（James Turrell）等。您认为自己作品中抽象的色域和单一的色彩表达了什么？

**梅根·瑞普霍夫：** 我很感激这些比较，也很荣幸我的作品能与罗斯科和特瑞尔的作品相提并论。美国作家丽贝卡·索尔尼（Rebecca Solnit）用一种让我感觉非常真实的方式描述了蓝色："多年来，我一直被远处地平线上的蓝色所打动，那种颜色代表着地平线，代表着遥远的山脉，代表着远方的一切。距离的颜色是一种情感的颜色，是孤独和欲望的颜色，是从这里看到那里的颜色，是你所不在的地方的颜色，以及你永远无法到达的地方的颜色。因为蓝色不是在遥远的地平线上，而是在你和山脉之间的大气距离上。"我听说特瑞尔对蓝色的描述是既坚实又空洞，既存在又空无。蓝色对我们来说有一种神秘的属性，它是我们看到大海和天空的方式，也是我们看到一些最奇幻和神秘的地方的方式。

**傅尔得：** 那么，您认为自己的摄影作品是纪实还是抽象的？

**梅根·瑞普霍夫：** 借用艺术家兼作家威力德·贝西蒂（Walead Beshty）的话，我的作品是"超文本"的。它们可能看起来很抽象，但实际上是对风景的真实印象。

**傅尔得：** 您进行此种蓝晒创作的长期目标是什么？

**梅根·瑞普霍夫：** 就我个人来讲，我主要的目标是努力工作，友善待人。在工作室的每一天都像是一份礼物，通过摄影，我所遇到的所有优秀的有创意的人，都是我在创作中不可替代的动力。

**傅尔得：** 您怎么看待在摄影史上最早开始创作藻类系列蓝晒作品的摄影师和植物学家安娜·阿特金斯及她在运用摄影这一媒介的价值？作为一位在现今时代运用蓝晒法进行创作的摄影师，您认为与摄影史早期相比，时代所给予您的有什么不一样吗？

**梅根·瑞普霍夫：**阿特金斯是我创作《滨海漂流》系列的主要影响因素，特别是在早期阶段。她早期的蓝晒作品是第一批显示摄影和海岸之间联系的照片，那些图像正是我选择用蓝晒进行创作的原因。作为第一个使用摄影为科学著作进行插画说明的人，作为摄影史上第一本摄影书的作者，作为摄影史上具有争议的第一位女摄影师，她在摄影史上的地位绝对是至高无上的。当然，由于女性的身份，她在很大程度上曾被历史所忽略，但幸运的是，在如今，像拉里·沙夫和乔舒亚·庄（Joshua Chuang）这样的声音一直在呼吁人们关注她的作品。在阿特金斯所处的时代，女性在这个领域并没有受到重视，尽管在当下，这个领域仍然存在许多令人憎恶的不平等，但我很幸运地生活在一个女性可以得到认可的时代。我们所有的当代实践者，都多少从过去的创作中获过益。我很感激阿特金斯的创作，以及在我之前的前辈们所做的所有创作，这些都让我能有一个平台进行思考、回应和创作。

·原载于《城市画报》杂志2019年10月刊，有改动

梅根·瑞普霍夫（Meghann Riepenhoff）

1979年出生于美国佐治亚州的亚特兰大市，目前工作、生活于华盛顿州的班布里奇岛和加州的旧金山。她在佐治亚大学获得摄影学士学位，并在旧金山艺术学院获得艺术硕士学位。她的蓝晒作品曾展出于亚特兰大高等艺术博物馆、波士顿美术馆、丹佛艺术博物馆、纽约公共图书馆、芝加哥当代摄影博物馆等多家艺术机构。其作品也被多家重量级艺术机构收藏，如旧金山现代艺术博物馆、水牛城奥尔布赖特-诺克斯美术馆等等。她是2018年古根海姆奖的获得者。

# 16

## 赵仁辉 | Robert Zhao Renhui

## 自然历史博物馆，虚构的

诺贝尔化学奖获得者，荷兰大气化学家保罗·克鲁岑（Paul Crutzen）曾在2000年提出了“人类世”的地质概念，以强调人类对地球环境的改变和影响。这个已被世界广泛接受的概念，通常以其特有的负面意涵，将人类的行为和环境危机、气候变化和生态的可持续性发展等关联起来。

耶路撒冷希伯来大学的历史系教授尤瓦尔·赫拉利（Yuval Noah Harari），因其所著的《人类简史》一书近年的全球畅销，而成为现象级的“网红”。他为这本书起的副标题“从动物到上帝”，很好地诠释了人类从一个毫不起眼的普通物种，到10万年前智人崛起，从生物链的中间位置一跃而登上顶端，成为地球主宰的过程。

人类中心主义所带来的傲慢，正印证了保罗·克鲁岑所指出的数据：过去的三个世纪，在人类数量增长10倍的同时，物种的消亡速率达到了人类出现以前的1000倍。

若将时间往前拨，我们会看到代表侏罗纪的恐龙、寒武纪的三叶虫等生物，曾一一经历了不可逆的悲壮灭绝。由此，“人类世”概念不但带来了对即将逝去的人类中心的认知恐慌，更敲响了警钟，宣告了人类最

终必然消亡的命运。

于是我们有了这样的概念：人类这个物种在存续的过程中，虽然对自然产生了极大的影响，但终究无法控制自然，而只是地球上的匆匆过客。但这并不表示当我们身处其中时，就可以干脆利落地处理与自然的关系纠葛。在科技和资本都在加速推进的当今时代，科学与技术研究，新媒体和数字文化、环境主义和地球科学、生物遗传学、神经科学和自动化学、进化论、动物权利和科幻小说等，都在不同的维度随时改变着界定人与自然关系的参数，而这种关系的高度的跨学科性，又让这一问

磷矿开采，《圣诞岛，自然而然》系列，2016；© Robert Zhao Renhui 赵仁辉

题变得更加复杂。

我们或许无法明确人与自然的关系在当下何去何从，但有一点变得重要起来，正如乔治·奥威尔（George Orwell）所说，要想清楚地思考，我们得先清楚地说话。

赵仁辉是一个以其作品说话，意在讲述人与自然之间关系的新加坡视觉艺术家。以花园城市著称的新加坡，是一个规划并执行良好的“二手自然”，成长环境所激发的对原生态自然的好奇，最终把赵仁辉引到了探讨人类与自然关系为核心的创作上来。

作为视觉艺术家，赵仁辉采用摄影作为其主要的表述语言，并搭配以标本、装置，以及文本等方式的辅助，以构建特定的语境，从而构建某种意义。语境是赵仁辉构建意义的关键，他将自己的绝大部分创作，都统和在一个看似真实、实为虚构的名为“批判性动物学家学会（ICZ，Institute of Critical Zoologists）”的科学网站下。几乎在其所有的艺术项目中，赵仁辉都有意以科学家的身份，来呈现其对人类与自然历史、生态环境的关系及意义的探索与研究。

可以说，多年来，赵仁辉每一个系列的创作和最终以展览形式的呈现，都构成了其“批判性动物学家学会”系统的一部分，都是在为这个长期项目不断地添砖加瓦，而最终构筑成一个多层次多面向的“自然历史博物馆”。

作为一个专业的权威语境，“自然历史博物馆”由赵仁辉在其“批判性动物学家学会”网站下导入的众多“科研项目”的展示成果构成。然而，虚构是其创作计划的核心部分，这个看似有着科学权威的学会网站，实则是艺术家赵仁辉的个人网站，为了凸显其年代感和权威性，赵仁辉还在这个建于2008年的网站上虚构了学会的建立年份：1996年。

披上科学外衣的艺术创作，会带来错位，让我们迷惑其中。好比在面对铺天盖地的广告图片时，对其适当的虚构和创造，我们有着天然的免疫和容忍度，但面对以事实为基础的新闻照片时，一分一寸的虚构都会让我们陷入严重的信任危机。

获胜者，《出色的伪装者》系列，2013；© Robert Zhao Renhui 赵仁辉

这危机会让我们掉入预期和事实间的裂缝中，如同在迷宫中来来回回，在不断地追问真相的紧迫性与对科学、文档、机构等的天然信任的惯性之间，反复摆荡。在摆荡之中，我们的固有认知被摧毁，从而于迷惑之中激发出对科学、定论、权威的质疑。

赵仁辉以摄影眼见为实的天然特性，作为打破科学文献语言的武器。摄影作为现实的印证，让我们在无意识之中将现实与真相画上等号，但赵仁辉以影像建构“事实”的行为，批判性地破除了摄影这一媒介的可信度，而将重点回归到其背后的动机和观点上。如赵仁辉

放在“批判性动物学家学会”网站上的《出色的伪装者》(*The Great Pretenders*)系列中，因为一名伪装的日籍昆虫科学家的背书，一张单纯只有植物而没有所谓完好伪装成植物的昆虫的图片，却被科学杂志《发现(Discover)》误认为真的科研成果，而在未联系“学会”网站的情况下，直接刊用了。

可见，在特有语境下，图片释放了不容置疑的印证真相的威力。这恰恰证明了图像的开放性和弹性，这给了文字等辅助系统限定其意义的空间，赵仁辉便运用客观可见的图片，在科学的语境下来表现其主观的创作。其《圣诞岛，自然而然》(*Christmas Island, Naturally*)的系列，为我们理解自然生态与人类行为的关系，提供了时间和空间的双重思维尺度。他通过照片，并以文字、标本等作为辅助，虚构了一个“后人类生活——重建岛屿生态系统”的生态计划，这使得其作品跳跃了时空参数，呈现了一个人类彻底撤退并恢复其自有生态的岛屿，展现了一个没

圣诞岛皇鸠，《圣诞岛，自然而然》系列，2016；© Robert Zhao Renhui 赵仁辉

圣诞岛的最后一天，《圣诞岛，自然而然》系列，2016；© Robert Zhao Renhui 赵仁辉

《圣诞岛，自然而然》系列，2016；© Robert Zhao Renhui 赵仁辉

从卡利巴株 (Gali Batu) 地铁车厂俯视武吉班让 (Bukit Panjang，长状山)，《新加坡 1925—2025 (Singapore 1925—2025)》系列，2014；© Robert Zhao Renhui 赵仁辉

有“我们”参与的未来。

的确，后人类生态计划的信息的关键，是由文字将图片的含义落实在了预设的区间。如这个系列中，一个木质的野生猫捕捉器支架和树脂的猫骨架组合起来的装置，因其《纪念圣诞岛上的最后一只猫》的命名中“最后一只”的字眼，而为该装置架构了关键的意涵，最终与创作的主题扣合了起来。此类的文字对图片的意义进行导向的例子有很多，如同样该系列中，一幅命名为《圣诞岛的最后一天》的无人景观摄影。

在预设的语境下，照片成为承载信息的重要支撑。其中有基于现实的照片，也有赵仁辉创造的虚构影像，如他在中国的第一个展览“无尽藏”中所呈现的森林里的熊和蜜蜂的陷阱，如《世界动植物漫游指南》

蜜蜂陷阱（Bee Trap），《如何吃掉蜜蜂》（*How to Eat Bees*）系列，2014；© Robert Zhao Renhui 赵仁辉

《圣诞岛，自然而然》系列，2016；© Robert Zhao Renhui 赵仁辉

（*A Guide to the Flora and Fanuna of the World*）系列中对人造自然的百科全书般的呈现等。但是，照片的真假都并非关键，问题在于，在虚构的语境内，照片建构了何种观念，我们是否通过观看在琢磨，人类在对自然信息的掌握与分类下，如何思考并采取了何种行动？

赵仁辉的创作计划，并不在于给其探索的主题以确切的答案，而是通过展现主观思考和想象，给予观众一种体验，让其在体验中打破固化的认知并激发思考。关键在于说话的方式，即借用科学的一套话语体系，虚构一个信任度高的语境。最终被戳破的现实，让人在所谓的“事实”面前，掉入一种思考中。

对图片的质疑和破除信任，是在当下越来越不以文字思考为主流，逐渐被图片、视频来交流的可视化时代，我们必须要习得的基本技能。考察图片出现的语境，打破对其固化的认知，就是要无时无刻不心存质疑精神，要对眼见为实的可视性进行怀疑，毕竟，我们一旦进入一个眼见为实的社会，便进入了一个固化了各种可能性，不再开放的社会。

赵仁辉透过语言虚构的错位感，所创造出的不可见的可见，在当下变得格外令人珍惜。因为，如果我们为想象力而奋斗，就意味着与“一切皆图像”而斗争，意味着与权威的定论做斗争。毕竟，随着时代发展，我们的共同潜意识比以往任何时代都更剧烈地在更动，与之相应的，我们也在不断改变图像的投射位置。要想清楚地思考，得先清楚地说话，掌握一个好的方法论，带有价值、意义等思考的艺术项目才能更为“科学地”开展。

## 访 谈

**傅尔得：**你的作品在拍摄风格、题材、装置、标本，以及文字陈述等方面都达到了很好的平衡，你有着把握照片叙事的良好能力。你是怎么接触摄影的，一开始是什么吸引了你呢？

**赵仁辉：**在看过约翰·伯格的《观看之道》一书之后，我开始对摄影及其叙事能力产生了兴趣。我瞥了一眼书中一幅很不起眼的照片，但其在下一页的文字说明却让我震惊，文字说明这是一位摄影师在去世前拍的最后一张照片，然后，那张照片就变得充满了力量且富含意义。这改变了我对摄影的所有认知，因为我知道了围绕图像的叙事，就算不比图像本身还重要，起码有着跟图像同等的重要性。

**傅尔得：**你虚构了一个科学研究网站“批判性动物学家学会”，你如何以批判性来描述人类与自然之间的关系？

**赵仁辉：**我们文明的历史建立在我们控制和利用自然的能力和效

退潮时的珊瑚礁，《圣诞岛，自然而然》系列，2016；© Robert Zhao Renhui 赵仁辉

率之上。尽管我们似乎更敏感于对地球的破坏和开发，但是自20世纪初以来，已经有大量的文献在警告我们，我们作为一个物种对自然无情的开发和扩张，以及对其他物种所产生的影响。我们当然清楚地知道对自然的持续开发是有问题的。在我的创作中，我认为看待我们与自然之间关系的方式，便是要重新去考虑人类作为所有自然资源的管理者的地位。而西方科学之外的其他知识体系或许可以帮助我们以不同的方式看待自然。

**傅尔得：**你怎么看待摄影作为一种叙事方式的？你的创作是如何摆

会说话的猴子，《世界动植物漫游指南》系列，2013；© Robert Zhao Renhui 赵仁辉

熊陷阱，2014；© Robert Zhao Renhui 赵仁辉

脱了直接的自然主义式摄影的束缚的?

**赵仁辉:** 我希望我的照片能承载科学家和自然爱好者在大自然中所经历的一些现实，那是一种更为低调、耐心、缓慢增长的体验。如果走进热带雨林，我们知道其中的大部分其实是很无聊的，我们能听到鸟儿啁啾，看到蝴蝶扑扇着翅膀，却没能经历那些《国家地理》杂志上的时刻，天气又热又潮湿，一切都无法按计划进行。传统的自然摄影强调景观，是人类消费的另一种形式。我听说在自然保护区有一些“摄影小屋”，在那里你可以花钱拍摄某些鸟类。当小屋的操作员用诱饵引诱鸟儿前来后，人们则能拍到那些野鸟吃东西的镜头。

**傅尔得:** 当你刚开始做艺术家的时候，你的作品是什么面貌的，而后来又是如何改变的呢?

**赵仁辉:** 改变的原因是我过去主要是一个人工作，但现在我的工作让我能接触到更多的科学家，能去更多的地方旅行，我的叙述得以在更大范围内发展。近来，艺术也成了体验大自然的一个替代版本的空间。我学会了耐心，比如学会好几天观察一棵树，或好几个月跟踪一只鸟。自然界在不同于人类的时间尺度上移动着。

**傅尔得:**《世界动植物漫游指南》等系列的作品很明显地表明，你的创作实践深深植根于对人与自然关系的叙述。在你的个人成长过程、知识架构或价值观中，是否有什么特定的东西激发了你对此类叙述的兴趣?

**赵仁辉:** 因为在新加坡长大，我一直被大自然所吸引。新加坡到处都是树和公园，但我渴望那些更接近真实的自然。我更喜欢从被废弃的土地上生长出来的未经规划的次生林，对我来说，自然是一种完全的无政府状态，它不是我们创造的绿树成荫的广场等。如果你在公园里看不到除人类之外的其他物种，这就是一个问题。对我来说，自然已经成了一个远离城市运行秩序的世界。蚊子在森林里不是问题，它们在城市里

却被认为传播疾病。自然应该能够做它想做的事情，因为它不仅不应该而且要拒绝被驯服。世界各地涌现出的大多数绿色生态城市，都有着较差的生物多样性。如果你为大自然建了一个庇护所，动物们很可能就不想待在那里了。

**傅尔得：**我们通常会以一种报告或纪实的风格来呈现关于自然、动物等议题，而你却用了一种融合虚构与现实的概念性方式来表达，你的作品甚至有时可能会被误认为和传统的自然摄影一样。那么，你认为虚构作为一种方法，能如何帮助我们理解所谓事实的构建呢？

**赵仁辉：**我通常会在创作中试图质疑和破坏图像的稳定性，如借用科学框架的方式，像虚构的“批判性动物学家学会”，如借用博物馆、官方档案馆等机构的声音来颠覆权力结构。这能使人们注意到图像的意义是如何产生和运转的。我是艺术家，所以我创造的是艺术。我能像墙上的一只苍蝇一样观察事物，我也可以成为一只会蜇人的蜜蜂。我们总是依靠故事来了解世界，而今天，我们需要更多的故事。

**傅尔得：**你认为摄影是一种表演吗？在你的《圣诞岛，自然而然》系列中，我们很自然地聚焦于岛上独特的生态环境和人类对其环境的影响。你以一种介于虚构和记录之间的方式来操控影像的表达有何目的？

**赵仁辉：**我的作品以一种“官方”或“科学”式的描述性语言和格式来呈现，但我不认为摄影是一种表演形式。它其实就跟讲故事一样，只不过是通向世界的众多窗口之一。

**傅尔得：**你是否曾担心不熟悉你创作的人会把你的作品误认为是现实？类似这种情况以前发生过吗？

**赵仁辉：**很多人通过“批判性动物学家学会”的邮件账号发给我邮件，如询问实习机会、合作、实地考察等等。而我拍摄的伪装在植物上的叶竹节虫（《出色的伪装者》系列）的照片也被发表在了一本真正的科

学杂志上（而事实是，那张照片上根本就没有叶竹节虫）。通常来讲，我对欺骗人不感兴趣，一点兴趣也没有，正如我之前所提到的，我的兴趣其实在于破坏科学文献和摄影这类僵化的语言，让它们变得滑溜溜且鲜活起来。

**傅尔得：**对你来讲，研究人类与自然的关系是一个终生课题吗？有没有什么其他让你感到兴奋的题材？

**赵仁辉：**我正在进行一个长期的项目，用摄像机捕捉隐藏在森林中的生命。我预想它是一个关于自然按其自有方式运行的故事，所以目前我正考虑将它以视频来呈现。我之前用视频组件做过多媒体装置，但这次将会是我第一个以动态图像为主要内容的项目。

·原载于《城市画报》杂志2018年12月刊，有改动

赵仁辉（Robert Zhao Renhui）

1983年出生，新加坡籍视觉艺术家，伦敦艺术大学伦敦传媒学院硕士，其作品在中国由香格纳画廊代理。赵仁辉主要以摄影进行创作，同时采用多学科方法将影像与实物并置呈现。他在全球各地做过展览，包括新加坡、中国、日本、澳大利亚和意大利，也受邀参与世界各地的双年展和摄影节。2010年，他被授予由新加坡国家艺术理事会颁发给青年艺术家的国家最高奖项青年艺术家奖。2017年，他以当届唯一东南亚艺术家的身份入围了Hugo Boss亚洲新锐艺术家大奖。

# 17

## 西蒙·约翰 | Simen Johan

## 世界的本质是模棱两可的

当我在纽约画廊扎堆的切尔西区逛了一圈下来，早已在密密麻麻的作品中疲累不已，很难再接受一幅新的作品的刺激时，我拖着疲惫的身躯走进了约西·米洛（Yossi Milo）画廊，当看到正在展出的西蒙·约翰的作品时，精神当下为之一振。

不得不承认，观看西蒙·约翰的作品是一种罕见的视觉经验。

一开始，无论是海狮、猴、斑马、蛇、鸽子，还是在天地玄黄中劈出混沌的一道彩虹等，都会让你被一种纯粹的自然生灵之美所吸引。而紧接着，你会好奇摄影师究竟如何在这些动物面前隐藏了自己，好让它们在镜头前如此自在？而再多看一眼，你会怀疑摄影师拍下这些画面的可能性，除非摄影师有着上帝之眼，加上有着耗上千年等来如此一个个瞬间的精力，否则，他绝不可能拍下这些场景。

此时，你会很确定这既不是野生动物摄影师的作品，也不是纪实摄影师的作品。因为，西蒙的这些动物、景观影像，绝非是对自然的简单记录，也并非只是在提供一种罕见的视觉美感。这些赏心悦目的自然表象之下，隐藏着一连串的矛盾共同体，正是这些不动声色地隐藏在画面中的矛盾，在似是而非、真真假假间，让画面直戳观者的内心。

无题 #133，大角麋鹿，2005；© Simen Johan; Courtesy Yossi Milo Gallery, New York

无题 #174，红猴，2013；© Simen Johan; Courtesy Yossi Milo Gallery, New York

在西蒙的作品中，所有的视觉元素都是精心安排，人为操作的，经由电脑软件处理的摄影蒙太奇得来。西蒙的野生动物影像绝非来自单张照片，每一件都是他在世界各地所拍照片的综合，西蒙用他精湛的后期处理技术，将动物、场景等重新排列组合，精心安排在异乎寻常和谐的场景中，无论是动物的肢体动作、神态场景与环境的契合，还是恰到好处到几乎神圣的光线，都是西蒙在电脑中经由技术的调整细细雕琢出来的。借由摄影蒙太奇，西蒙提出了他的看法："我更感兴趣的是这世界究竟是什么样，而不是它看起来像什么。"

西蒙将不同的景、物从原先的时间、地点中剔除出来，将原始照片的连续性打乱，然后刻意地将其重新排列组合，组合成一个全新的图像。所创造出的图像暧昧、模棱两可，富有寓意性。正因为有着影像图片的基底，而在视觉上显得逼真、熟悉，且又超现实，让观者在获得审美经验的同时，开始质疑美丽与野蛮、熟悉与陌生、自然与人工、真实与幻觉、事实和虚构等矛盾，这些矛盾构成了西蒙作品的张力，让西蒙的作品充满了矛盾双方博弈与平衡的临界点。

因此，西蒙所展示的野生动物、自然、生命经验的影像，并非在讲宗教世界和自然世界，而是在探索一般存在的原始经验。存在的经验，人人都可感知，我们所生活的世界，并不是非黑即白，也并非和谐共存，真相是一切都处于持续博弈的暂时平衡中，而且这些规则常常以我们无法看见的姿态进行，但透过将其视觉化，我们却可以感知。正如西蒙所说："我最终所追求的并非那种可以被解释或定义的具体的事物，而是那些更为开放的，需要去逐渐感受的东西。"

西蒙·约翰的影像系列《直到国度降临》(*Until the Kingdom Comes*)已经持续进行了近20年，他陆续将作品对外发表，这个系列也还在进行中。

无题 #159，驯鹿，2010；© Simen Johan; Courtesy Yossi Milo Gallery, New York

## 访 谈

**傅尔得：**你的作品创建了一个超自然的动物世界，在创作之初，你对这个系列有着怎样的预设呢？

**西蒙·约翰：**我的作品从一开始逐渐发展到现在，其实已经有约20年了，所以如果要谈我对这个项目的预设，还真有点难。我到处旅行，在此过程中拍风景，拍动物，动物我大都在动物园、野生动物园、农场、荒野等地方拍。多年来，我已经逐渐建起了一个关于动物和风景的图片库，那些都是我制作这个系列的材料和基础。当我将这些照片组合在一起时，是在寻求一种诗意和不曾预料的关系，以及自然存在的虚幻感和悖论性。我想要创造出一种天然的模棱两可的画面，比如那些看上去很自然却经过了人为操作的虚假画面，或是既熟悉又超现实，既美丽

又怪诞，既幽默又真诚的画面等。

**傅尔得：**这使你的画面不但自然而且很有力量，我想这力量有很大部分来自画面所充满的临界点状态，这种状态存在于真实和超现实之间，存在于熟悉和陌生的世界等相反的力量之间。你怎样定义画面中的边界，为什么边界如此吸引你？

**西蒙·约翰：**我定义边界的过程非常直观。我喜欢创造暧昧的图像，因为我认为世界本质上是模棱两可的。我们自身在这世界上的存在，也是既显而易见又不可预知的。但我们喜欢将所有的事物和情形，

无题 #168，犀牛，2011；© Simen Johan; Courtesy Yossi Milo Gallery, New York

都做出一个清楚的定义，而充满定义的现实世界，却似乎让我们的世界变小了，同时，我们所害怕、畏惧的部分也变得越来越少。但当我们开始质疑这些定义时，会意识到事情并不总是看来如此。

**傅尔得：**你所有的画面都非常超现实，而且你故意忽略了动物所出现的实际场景、环境等线索，这是沿着什么样的想法发展而来的？

**西蒙·约翰：**我觉得如果时间、地点等信息出现在画面中，就把一幅画面限制在某个具体的特定现实中了，因此，我想要创造一种永恒的、没有时空限制的场景，从而将作品推入一个象征性的、精神性的领域。

**傅尔得：**你为什么对动物感兴趣？这是你描述我们所生活的世界的方式吗？

**西蒙·约翰：**做这个系列，某种程度上是为了表达内心中更直觉和原始的一部分，我也在探索普遍存在的原始经验。在某种程度上，我得出的结论是，作为我的拍摄对象，动物会比人更好，因为动物更自然、原始。

**傅尔得：**你在对这个系列进行阐释时曾说："层次多样且具开放性，充满了对《圣经》以及政治典故的引用，但最终还是我内心追求的反应。"能举一些引用的例子吗？你的内心究竟在追求些什么呢？

**西蒙·约翰：**关于引用，我举几个例子。如鸽子群那张，就模仿了《圣经》中的天使，但同时这些鸽子又象征了成群结队冲向阳光的飞蛾，或者是观者所想到的其他事物。又比如，在冰穴那张中，洞穴成为一种消极、负面的形象，而黑色的入口由不确定的象征变成了启蒙的象征，但是，它看上去仍旧也只是一个冰穴。海狮那张，海狮呼应了在地狱中的灵魂，或者是社会的阶级斗争，或者是西奥多·席里柯（Théodore Géricault，1791—1824）所画的《梅杜萨之筏》中的求救者。其实，我

无题 #188，海狮，2015；© Simen Johan; Courtesy Yossi Milo Gallery, New York

最终所追求的并非那种可以被解释或定义的具体事物，而是那些更为开放的，需要去逐渐感受的东西。

**傅尔得：**你的作品的确充满了寓言性，而且伤感、富于诗意，每一幅作品似乎都是独立的，但即便如此，它们相互之间又能有机地结合在一起。这大概跟你所说的创造没有时空限制的场景或环境有关，而在这些照片的创作中，你都使用了摄影蒙太奇的方法，将不同时空、场景的照片重新组合成一个画面。我想知道，你怎么看摄影的蒙太奇，你使用这种方法，是因为摄影的优势还是因为它的局限性？

**西蒙·约翰：**看到什么东西后，简单地拍下一张照片，且不对画面做任何改变——这种情况似乎很少在我身上发生，这可能是因为我更感

兴趣的是这世界究竟是什么样，而不是它看起来像什么。我喜欢相机捕捉瞬间和表情的能力，但是也因为如此，它也成为想象力的阻碍，而数码技术则解放了我，让我可以像画画一样，运用摄影这种媒介来创作。

**傅尔得：**既然这样的话，那么问题来了，你为什么不直接画出你的

无题 #163，火烈鸟，2011；© Simen Johan; Courtesy Yossi Milo Gallery, New York

想象呢？对作为创作媒介的摄影，你怎么看？

**西蒙·约翰：**如果画画的话，我可以画任何东西，这一点无疑是好的。由于我目前的工作方式，我还是得去拍每一个元素，这过程往往很艰苦，比如，当你遇到不好的天气、季节或野生动物的时候。但我无法凭空捏造一个东西出来，我喜欢摄影的地方，就在于它能捕捉真实的表情和那些你无法发明出来的现实场景。

**傅尔得：**我想知道，你如何看待作为摄影基本属性的真实性？

**西蒙·约翰：**照片通常会被当作证据，但在艺术和商业实践中，常常会使用摆拍、抽象化和人为操作等从摄影发明之初便有的种种手段。长期以来，人们对摄影有这样一个期待：不管镜头前发生了什么，哪怕是经过了摆拍和人为操作，人们都会认为所见到的影像基本上是真实的。如果事先没有拍到一匹斑马，你就无法创造出一张斑马的照片，而如果你对画面处理得越多，斑马也就越来越不像照片了。

**傅尔得：**你的系列中有一些是没有动物的纯粹景观，那些景观是现实场景，还是你的摄影蒙太奇创造？为什么会在这个系列中放入一些纯粹的景观画面？

**西蒙·约翰：**有些的确是直接摄得的，但大部分都是由在不同地方所拍的照片经过数码处理综合而成的。我喜欢对事物做出改变，但是，每幅风景或雕塑自身，都存在感知性和意识性，这存在的感知有时也能从一棵树或是风景中呈现，所以，纯粹的风景对我也很重要。

**傅尔得：**你制作了一些雕塑，在画廊的展览中同时进行展出，如果雕塑是你作品的一个重要部分，那你怎么看待影像和雕塑之间的关系？

**西蒙·约翰：**我喜欢影像和雕塑之间相互作用，这会使我的展览更身临其境。雕塑将我的想法代入物理空间，而且制作它们的过程，能让我从影像创作中得到一些喘息。我创作雕塑的方式跟创作影像很像，都

无题 #186，彩虹，2016；© Simen Johan; Courtesy Yossi Milo Gallery, New York

无题 #171，焦油坑，2012；© Simen Johan；Courtesy Yossi Milo Gallery，New York

在反复地添加和减少元素之间，直到我想要的东西最终呈现。

**傅尔得：**你的作品在画廊中都是以大画幅展示的，为什么你选择大画幅，你怎么看待照片的画幅大小？

**西蒙·约翰：**我想要我的作品能模拟现实视角中的自然，为了呈现大场景的自然景观和大型动物，我选择以大画幅来输出，而至于小一点的动物，我则以小一点的画幅输出。

**傅尔得：**据我了解，你在大学最初学的是电影，为什么之后转到摄影上来了？

**西蒙·约翰：**我一开始的确学的是电影，但因为负担不起学电影的课程费用，便转到了摄影上。那是在20世纪90年代之初，处于数码时代之前，那时胶片的费用非常昂贵。但在某种程度上，当我创作影像时，在叙事表达和内容的象征性等方面，我依然会像电影人那样去思考。

**傅尔得：**对我们未来的生活环境，你是抱持悲观还是乐观的态度？

**西蒙·约翰：**人类如果要存活下来的话，必须要变得更加自省，更善于倾听，减少相互间的威胁。但即便人类不这么做，生命也不会因人类的灭绝而消亡。生命是永恒的，可能它会以其他形式存在，说到底，人不过是生命形式的一部分。

·原载于《城市画报》杂志2017年3月刊，有改动

西蒙·约翰（Simen Johan）

1973年生于挪威希尔克内斯镇，毕业于纽约视觉艺术学院摄影专业，目前工作、生活于纽约。在数码时代早期的1993年，西蒙·约翰因其结合了数码和传统暗房处理的作品而获得外界关注，创作至今，作品在世界各专业画廊、美术馆、艺术机构广泛展出，被十几家美术馆所收藏。西蒙为约西·米洛（Yossi Milo）画廊代理艺术家，画廊已经为其做过9次个展。

# 18

## 权富问 | Boomoon

## 于自然中反观人类自身

多年来，韩国摄影师权富问（Boomoon）多次往返冰岛，对冰岛代表性的高达60米的斯科加瀑布（Skógafoss）反复进行创作。他刚结束了在英国弗劳尔斯画廊（Flowers Gallery）位于纽约切尔西区展厅的最新个展。

权富问利用取景框的边界，将偌大的一道瀑布以拉近式的特写框取，制造了局部的抽象视觉趣味，仿佛将观者拉入了瀑布的中心，直面其由天而降所生出的强大速度和重力势能。然而，观者置身危险之境所感知的焦虑和恐惧，则被影像的定格所消解，由此，观者能以明知处境安全的心态，获得对危险的沉浸式体验。瀑布系列的单一蓝色抽象作品，仿佛自带了灯光效果般，将瀑布“表演”的舞台打亮，让这气势磅礴且分秒变幻的场景，观看起来如亲临卡·拉扬指挥下的交响乐演奏现场，或是一曲翻转狂欢的《蓝色多瑙河》，或是《卡门》中热情狂野的《斗牛士之歌》。

静态影像呈现的静中有动、动中有静、下降中有上升的律动，直击观者身心，如此沉浸式的视觉影像，是权富问深入瀑布下方冰冷的水池中得来。而同样进入水池所拍的黑白系列，与单一蓝色系列相比，则让

无题 #4545，2016，《落水（Falling Water）》系列；© Boomoon 权富问

#0384，2015，《斯科加（Skogar）》系列；© Boomoon 权富问

观者后退几步，与瀑布保持了一定的距离，因此看到在画面的三分之一处，垂直而下的瀑布与水平面激烈相交。在黑白画面散发的庄严肃穆的沉默中，自然的力量在纵横交错处喷薄而出，宇宙的本质穿透力由此突显，但这场景在让人在感觉渺小、恐惧的同时，却也获得内心的深度平和。

权富问擅长以大画幅展示空无一人但穿透人心的自然风景，无论天空、海洋，还是山川、星辰等，都在他冷静的画面中呈现出自然的真实和存在。

我曾在马克·鲍尔（Mark Power）位于英格兰布莱顿的家中采访，这位玛格南摄影师的观点，大概道出了绝大多数摄影师放弃拍摄纯自然

#6，在束草观星，2002，《观星》（*Stargazing*）系列；© Boomoon 权富问

无题 #3079，冰岛兰德曼纳劳卡（Landmannalaugar），2014，《北方景观》（*Northscape*）系列；© Boomoon 权富问

风景的缘由。在他看来，日出和山川等几千年来都不曾发生改变，相比于记录当下人与社会随时变化的生活和处境，风景的意义和价值则显得无足轻重。

这某种程度上代表了一群人的观点，而在永恒的风景和易逝的现实之间，权富问曾做出过选择。这位出生于1955年的韩国摄影师，一开始将镜头对准的，其实是韩国的现实。20世纪70年代初毕业于当时韩国唯一一所有摄影系的首尔中央大学后，权富问在1972年到1975年间，以黑白影像记录了韩国在现代化过程中，城乡发展快速拉开的巨大差距下，乡村所承受的现实。然而，在逐渐意识到摄影在反映社会现实上的局限性后，权富问在20世纪80年代转而投身于纯自然景观中。其20世纪90年代中期拍摄的《在云端》(*On The Clouds*)、《海景》(*Seascapes*)

无题 #6913，冰岛冰沙滩(Breiðamerkursandur)，2007，《北方景观》(*Northscape*)系列；© Boomoon 权富问

等系列，于1997年在巴黎个展中展出。

频繁在日、韩展览的权富问，在2013年底于韩国大邱艺术博物馆做了大型个人回顾展，接着于2014年，其以在伦敦弗劳尔斯画廊的个展正式进入国际视野。而早在2009年，当他的作品被收录国际摄影策展人夏洛蒂·柯顿（Charlotte Cotton）《这就是当代摄影》一书中的"冷面（Deadpan）摄影"章节被讨论时，便进入了当代国际影像的参照谱系里。

夏洛蒂·柯顿认为权富问在20世纪90年代拍摄的海景"周密考虑了自然不可预知且不可控的特点"，"这些画面有意识地显得脱离了时间，不依赖于当代的，甚或是过去的经济、工业或行政管理的视觉符号"。权富问客观展现纯粹自然存在的作品，与冷面美学的开启者贝歇夫妇（Bernd and Hilla Becher）及其弟子中充当该美学领袖式角色的安德烈亚斯·古尔斯基（Andreas Gursky）等以社会议题介入的景观大不相同。权富问不关照现世和社会，他的作品超越了个人的视角，超越了当下的时代限制，以客观和冷静的大画幅自然景观，隐去了个人主观情绪的波动，让观者在面对画面时能如走入其中，观照自己的内心和精神。而同样被弗劳尔斯画廊代理，与权富问生于同年代的加拿大摄影师爱德华·伯汀斯基（Edward Burtynsky），则以其客观的证据式记录，在景观中对社会、政治和生态等议题进行了意见表达。另一位同时代的日本摄影师畠山直哉，也是通过其多年于日本拍摄的城市和重工业空间，来反思人类所打造及改造的世界。

即便权富问的作品不直面当下的社会，但其以观照人的基本情绪和精神世界而受到广泛青睐。在当下飞速发展的全球一体化的互联网时代，我们谁不处于焦虑之下，谁不处于多重的社会和人际关系中，谁不迫切需要一方万籁俱寂的空间？

权富问的作品则提供了让人从现世的焦虑中逃遁的冥想空间，以西方人的参照来看，权富问日益抽象化的单色调影像，正如美国抽象表现主义画家马克·罗斯科（Mark Rothko）超越了永恒时间的作品，直指人类的精神。罗斯科以有限的色彩和极少的形状表现的大画幅矩形作品，

边缘模糊的色块如漂浮在画布的底色之上，权富问的《在云端》系列及其于2017年创作的单一蓝色的《瀑布》(*Waterfall*)系列也正如此，蓝色块漂浮于白色块之上，淡蓝色块漂浮于深蓝色块之上，这漂浮和游移的色块，多像人们寻求安稳而未得的精神状态。在色彩和色调营造出的宁静空间内，人们被大画幅的浓烈色彩震慑而进入其中，精神和情绪得到极大的归属和释放。

而在东方，山水作为自然宇宙的象征，以哲学性的深度铺陈在其美学底蕴中。无论是孔子的"仁者乐山，智者乐水"，还是道家思想的天人合一观念，都凸显了哲学性的山水意境。山与水分别作为自然的空间及流动的时间的象征，不但给人逃遁仕途及陶冶性情的空间，还给人以寻求内心稳定和归属的力量。

古人在凝视山水画中所建立的宇宙观，便是在无限的空间与永恒的时间中，寻找人的归属和位置。权富问的《观星》(*Stargazing*)、《山水》(*Sansu*)、《五台山》(*Odaesan*)等系列，都以无限时空的无人之境，让人在山川、大地和星空之中，感受到超越时空的太古苍凉感，而又在这天地辽阔之间，寄情自然，反观自身。

权富问的画面构图，吻合了古代中国画的三种基本构图模式：直轴、横轴和三段式，以其多有三段式构图布局的持续多年拍摄的《洛山》(*Naksan*)系列来看，天空、海面和地面，通过黑白灰的色块衔接在一起，而海面汹涌的波涛和天空纷乱的飞雪，与岸边白雪覆盖的宁静地面，在动与静、浓与淡之间，依层次布开，而画面中矛盾的冲突和对抗，则让人如感受到午夜中奔腾的千军万马。而前景中的一片白雪，则已抽象成一方色块，将人与海天阻隔，让风景变得可望而不可即。这或许让风景变得更具精神性，因此，权富问的影像需要耗费时间慢慢观看，在凝视画面的过程中，慢慢体会寂静中的永恒时空，于此一份千古的孤独之中，陶冶一份与天地独往来的浩然之气。

自20世纪80年代以来，权富问一直以冷峻客观的视角，展现大画幅的纯粹自然风景。在质疑了影像于记录现实的局限性后，他所转向的

#4280，2010，《洛山》(*Naksan*)系列；© Boomoon 权富问

无题 #1281，平昌郡，2010，《山水》(*Sansu*)系列；© Boomoon 权富问

瀑布 #2892，2015，《落水》（*Falling Water*）系列；© Boomoon 权富问

无题 #8764，2007，格陵兰纳萨克（Narsaq），《北方景观》（*Northscape*）系列；© Boomoon 权富问

自然，实则是时间和空间所生出的宇宙，是他于画面之间所构出的一方寂静空间，是给人的情绪和精神空留出的一方冥想之地。目光游走于其作品之中，那密集的飞雪徘徊于空中，在层层叠叠落向海面间，呈喧闹芜杂之势，但黑白影调反而使画面更显宁静，于宁静叠加宁静、时间叠加时间之间，人会生出无限回旋于光阴之中的错觉，于是，便在这片时空构筑的洪荒宇宙间，安享心境。

## 访　谈

**傅尔得：** 您目前在弗劳尔斯画廊的展览包括了两个部分，是由冰岛

的同一个瀑布发展而来的两个不同系列，一部分是以浓烈的蓝色单色调呈现，另一部分是以黑白进行呈现。能给我们说说两个系列的拍摄初衷，以及您如此呈现背后的意涵吗？

**权富问：**展览围绕着我曾在斯科加瀑布所做的两个不同的系列而展开，这个位于冰岛的瀑布，以它高达60米的高度而闻名。自2006年首次造访以来，我就一直不断地去拍这个瀑布。2015年，我进入了瀑布底下的水塘，得到了一个正面的视角，并拍摄了黑白系列的《斯科加》（*Skogar*）。瀑布下最关键的地方就是垂直而下的瀑布和水平面的相交处，以蓝色单色调拍摄的《无题》系列，更侧重于水落现象，以及蓝色的梦幻和变化。正如我的其他作品一样，这些都不是事先计划好的，它们都源于我对所遇到的不可预知现象的即兴反应。在我多次造访斯科加瀑布的过程中，通过我称之为"照相式呼吸"的方式，将水的影像变成一张照片的幻想实施，这是我、水的现象的主题以及图像制作之间的动态交流。落水的巨大能量，冲击了我的"照相式呼吸"，并将身体和精神推向一种沉浸的状态之中。

**傅尔得：**您的《斯科加》系列最终以三种不同的形式呈现：挂在墙上的输出品、摄影书，以及由三百张照片合成的一个录像。似乎您对作品以不同的媒介进行呈现有着很大的兴趣。当作品以不同的媒介呈现时，您怎么去平衡它们之间的边界？对于影像以静态和录像的不同形式呈现，您有着什么样的看法？

**权富问：**我认为媒介只是展现影像的工具，但我也承认，不同的媒介提供了新的维度和语言表达的可能。一般来讲，摄影被认为是印刷在纸上的现实，是对现实的一种机械式呈现。但是，只要我们去看看历史中的呈现方式，如从史前的壁画到多媒体作品，就会发现，坚持将作品打印在纸上，就像是一种迷信。对我来讲，模拟信号输出和实物输出之间的区别没什么意义，就好比我们只是盯着指向月亮的手指看，而不去欣赏月亮本身。对于图像制作和呈现技术的快速变化，我努力保持着开

无题 #1742、#1733、#3154，雪岳山（*Seorak*），2010，《山水》（*Sansu*）系列；
© Boomoon 权富问

放的态度。

**傅尔得：**据我所知，您的摄影生涯是在20世纪70年代以韩国荒芜的乡村以及城乡之间的差异等为题材的纪实摄影开始的，如今回过头来看，您是怎么由纪实摄影转向了自然景观？我很想知道在这个转变过程中的一些重要的节点，请您谈谈。

**权富问：**我出生于1955年，我们这代人经历过没有通电的乡村生活，而现在我们又生活在网络环境中。作为一名正经历着国家剧烈发展的摄影师，我那时将记录时代作为一种使命，对自然景观我则视为一种古老的陈词滥调。但是，我那时开始怀疑将摄影作为记录信息或参与社会的工具的有效性，因此我逐渐失去了对人际关系的兴趣，把目光转向没有任何人类存在的自然。我并不是一个自然主义者，也不是一个环保主义者，如果我参与自然，意味着要与社会保持距离，质疑生与死，或自由意志。终于在1999年，我决定把自己从不值得信赖的社会生活中抽离了出来，

搬去了韩国东部，到了有山有海的地方，我与大自然相遇，以换取孤独和自我的消解。

**傅尔得：**相较于您的《山水》《五台山》系列，您的《洛山》《瀑布》和《斯科加》系列显得更为微妙，更具情感和抽象性，特别是以影像语言的抽象性这一点来看。能说说您在视觉语言呈现上的发展吗？

**权富问：**这是一个极好的评论。我作品的抽象性来自对不可知的期待，可能也来自因对同帧画幅场景拍摄的严格应用所导致的主题消隐，也可能是因图像简化而产生的一种空间无限之感，抽象意味着"提取和提升"。我对所谓的"抽象摄影"的趋势并不感兴趣，那只是借用了绘画史中造型语言的影子，即便我的摄影唤起了一些抽象绘画的感觉，但抽象并非我的目的。摄影不能逃脱拍摄主体的限制，但我尝试不受拍摄主体自身信息的影响，而是选择一个简单的主题，一座山就是一座山，一片海就是一片海，就这样而已。我第一次试图摆脱拍摄主题本身的限制就是1993年拍摄的《在云端》系列，《洛山》《斯科加》《瀑布》系列紧随其后。

**傅尔得：**不知您的《山水》系列是否综合了您个人的哲学价值观、孔子的"仁道"和道家学说等？您的作品是否蕴含了东方美学中呈现自然的核心概念？

**权富问：**韩国、中国或日本的知识分子大概都不能否认，孔子的"仁道"和道家的价值观已渗透到他们的潜意识之中，但是我并没有运用这些概念。在我的《山水》系列中，我拍了我住处附近的山脉，这让我想起了传统的山水画。当我2004年在巴黎看到倪瓒的画时，我所相信的那种对待自然的态度会造就一种形式，就成了一种信念。可以说，是《山水》系列引导着我去承认我文化中存在的DNA。

**傅尔得：**您曾经说过："直到2006年才能根据展览相应地来制作大

照片。”说明您一直想要做大尺寸的照片，为什么您想要以如此大画幅来呈现您的作品？您个人对大画幅有着怎样的观点？

**权富问：**1989年，我为了一个展览输出了一张120厘米x180厘米画幅的彩色作品，那是当时在韩国能做出来的最大尺寸。但是装裱技术在那时并不完美，这令我很不愉快。2006年左右，大尺寸的输出和装裱才成为可能，大尺寸图像呈现了拍摄地点的实地身体经验，并允许观者将图像以一种现场景观而不是文献记录的方式来体验。对我来讲，尺寸是能让人感觉站在拍摄对象前的一种方式。

**傅尔得：**您创作过很多横画幅的作品，有些打印出来甚至长达十米。传统中国水墨的卷轴画作中，呈现了散点透视的概念，而在西方油

#2645，2009，《五台山》（*Odaesan*）系列；© Boomoon 权富问

画中，则是以焦点透视为主。您的一些作品似乎也采用了散点透视的概念。中西方的这两种对空间的观看方式，多大程度上影响了您的创作？

**权富问：**相机是一种基于单一焦点透视的视觉呈现设备，因此，我感到了它在呈现我的景观观看经验时的局限性。因此，我开始拍摄风景的细节，同时改变了视角，并将所有的细节都拼接在了一张大图上。我可以根据我的观看经验，自由地决定图像的格式，将画面进行垂直或水平的扩展，而不是受相机系统既定尺寸的限制，但这与我观看卷轴画的视觉经验无关。

**傅尔得：**您的作品营造了很强的特殊氛围，在让观者萦绕其中的同时，抱有对画面的强烈好奇，从而想要了解画面中很多的深层意涵，但同时，这些意涵又似乎永远不会浮现在画面之上。您是如何创造出这种氛围的？请您谈谈您创作背后的精神思考和实体创作过程。

**权富问：**观看是一种接近解密的行为，若把我的照片当作信息来读是会有迷惑的，人们可能会从中感觉到一些未知和不可知的东西，但是，明白的就会明白。这并不是我的意图，我认为这是图像本身的范畴。当影像突然出现在我面前，我应该随时准备好在转瞬之间接受它，作为一个好的接收者，就要保持对影像的想象，并保持一种提升自我的精神态度。

**傅尔得：**您怎么看待自然本身，以及被摄入镜头中的自然？在您拍摄自然景观的三十多年间，是否存在创作与表达的一条基本主线？

**权富问：**对我来讲，摄影不仅是一个展示、发展和扩展我感知的愉悦媒介，它还为我提供了与世界的接口，帮助我清晰地思考我在看什么。在我40年的摄影生涯中，我发现重要的是，我的思维开阔了，我可以自由地生活。大自然是我意识的一面镜子，若一幅自然的影像出现在我面前，我便以一张照片的形式回馈给世界，对我来说，体验到这个地方的秘密仍然是一种极大的乐趣。

**傅尔得：**在您的影像素养、知识构成以及思考模式中，是谁或哪些东西影响了您？有没有人生的关键经历，或者是音乐，也或者是某个作家影响您的观点和思考？

**权富问：**人文艺术是我在社会上遭遇困境时的支撑，造就我的创作者和作品的名单很长。在我二十多岁时，阅读法国人类学家克劳德·列维·施特劳斯（Claude Levy-Strauss）的著作《忧郁的热带》一书，这帮助我在传统与现代进行剧烈碰撞的时代建立了对自己国家的看法。你之前提到的我关于韩国传统村庄的作品，那些是我早期的重要作品，也都是在读了这本书之后开始进行的，随着位于朝鲜半岛东南部的安东大坝的建设，受到影响的传统村庄已面临濒危之境。另一个重要的影响是老子和庄子，在我年轻的时候，他们的书让我陷入了冷漠和无所作为的境地，我误解了这些伟大的精神，曾为此付出过很大的代价。那时，印象派为我打开了一个新的视野，在印象派的艺术家当中，塞尚毕生追求清晰结构和造型的意识一直让我印象深刻。而博尔赫斯的文学又把我带到了另一个现实世界，在那里我可以加深对梦幻和梦想的思考，这段经历帮助我以作品回归到社会之中。我必须说我相信音乐的救赎，巴赫（Johann Sebastian Bach）的作品让我感到舒适、精神的愉悦和提升，这些也都是精神上的洗礼。

·原载于《中国摄影》杂志2018年5月刊，有改动

权富问（Boomoon）

1955年出生于韩国大邱，目前工作、生活于首尔和束草市。权富问自20世纪70年代初进入首尔中央大学摄影系后，开始探索摄影。他记录了韩国70年代的社会发展变化，自80年代开始，他将自然景观作为一种反观自身的方式，创作出了辽阔的大海、天空和陆地的大画幅照片，由此开辟了其创作特色。他曾于韩国、日本等国，以及伊斯坦布尔、纽约、伦敦和巴黎等地举办过国际展览，代理画廊为弗劳尔斯画廊。

# 19

## 因卡和尼克拉斯丨Inka & Niclas

## 作为自然与照片之间桥梁的摄影

人类显然一直有着置身荒野、感受自然的需求，无论是要在壮美和辽阔中找到心灵的平静和慰藉，还是在险峻和庄严中激起斗志和雄心，都驱使着我们一再向自然进发。当我们从自然中返身时，也将这些无法带走的景观放进了脑海中。

风景画弥补了自然景观无法被带走的遗憾，无论是德国画家弗里德里希（Caspar David Friedrich），还是英国画家透纳（Joseph Mallord William Turner）、康斯泰勃（John Constable）等，这些浪漫主义风景画家们，都将自己的个性、情感和想象糅合进自然景观中，而呈现给我们一个更为雄壮、辽阔和绚丽的自然。如果说这些挂在墙上的自然还不够真实，那么，摄影的出现解决了这个问题。

摄影让我们跟自然的亲近，不再仰赖于欣赏那些经过人工雕琢的风景画，而是能看到与现实场景别无二致的景观。

但是，当我们与自然之间的观看与被观看关系，从绘画转移到了以摄影为主流之后，作为旅行者的我们，在满足了置身于自然的需求时，又多了一个需求，那便是拿出相机或手机，亲自把景观拍下来。即便这些景观都已经被千篇一律地拍烂，我们还是愿意再多拍一张。

《成为荒野》(*Becoming Wilderness*)系列，XXVIII；© Inka & Niclas

而作为观看者的我们，与自然之间真的变得更为直接了吗？很多景观我们还未来得及亲临，它们便从各种渠道，通过具有代表性的明信片式的风景照，填补了我们的想象。

摄影如何塑造了我们对自然的观看和期待？照片真的比绘画更胜一筹，成功传达出自然原始的那一面吗？自然的庄严和壮美如何经过摄影的转译而不流失呢？

围绕着自然与摄影、现实世界与影像世界的关系，来自北欧的艺术双人组因卡和尼克拉斯(Inka & Niclas)，通过一系列摄影创作，来一一展现他们对这些问题的思考和探索。

无论是对人类观看自然这一行为的旁观，还是将人类集体记忆中的景观进行再现，他们都进行了创造性的视觉表达。那些奇幻、神秘的画面，显然不是现实中能找到的真实。但这些散发着似曾相识、既熟悉又陌生感觉的景观，虽然失真，但确实是在他们按下快门的那一刻，完全

《成为荒野》(*Becoming Wilderness*)系列，VI；© Inka & Niclas

被镜头所捕捉到的。

他们不但没有运用任何的电脑后期制作，而且创作中只用了一台普通的数码单反、一个闪光灯和一只镜头。关键在于，他们只是在曝光之前和曝光的当下，采用了一些技术手段。比如，在闪光灯前放一个色彩滤镜，向空中抛撒粉末，穿着反光的衣服，或者是将硬币粘在镜头上，等等。

这些技术手段便是造成失真的原因，而将现实世界和摄影中的世界进行区分，这正是因卡和尼克拉斯创作的重点所在：将焦点放在拍照的过程中，突出拍照这一行为在现实的自然世界和影像世界之间的桥梁作用，使得作为其结果的照片不全然是对真实世界的截取，而仅仅是一张照片而已。

因卡和尼克拉斯创作的多个系列，对自然和影像之间的关系一再探索和表达，也使得我们一再去思考真实自然与景观摄影之间的关系。

## 访　谈

**傅尔得：**你们俩在哪遇见的，又是什么时候开始了合作？能谈谈最开始的一些合作吗？

**因卡和尼克拉斯：**我们是2005年在瑞典南部的一个小地方学摄影时遇上的，

那个村庄很小，而我们的公寓又离得非常近，所以就开始常常在一起打发时间。不管是学习还是挑选、调整照片上，我们都帮对方很多，常常就这样工作到很晚，也因此，我们非常熟悉对方的作品。就在第二年的下半年，我们成了一对恋人，也开始讨论毕业后要一起来做作品。我们存了一些钱后，去了坦桑尼亚，在一个朋友遥远偏僻的咖啡种植园中的简陋房子里住了一段时间。那个房子的取电来自一个汽车的蓄电池，如果我们其中一个要去淋浴的话，另一个还必须要去启动发电装置。但住在那里，从屋内的门廊中，我们就能望见乞力马扎罗山。在那住的三个月中，我们每天都在工作，那时就决定要将我们或大或小的想法实施，也构想了如果要作为一个艺术创作双人组，我们具体要如何做。

**傅尔得：**你们各自的技术专长和性格有什么不同？一起合作跟你们各自单独创作有什么不一样的地方吗？

**因卡和尼克拉斯：**至今为止我们已经合作10年了，说实话，我们已经无法想象如果要回到各自单独创作，会是怎样。现在无论事情大小，我们几乎都一起做，而且我们也会一起来做所有的决定。基本上来说，因卡更有创造性，在创作时没有疆界，而尼克拉斯在分析和解决问题上更拿手。一直以来，我们尽量都做得周到细心，以执行好对方的想法，即便那些想法一开始很奇怪。成为双人组或许是世界上最棒的事情之一了，因为你的想法总是会得到另一个人的帮助而变成更好的东西。

**傅尔得：**你们作品的主题大多是关于景观，在创作中，你们主要想要表达什么？

**因卡和尼克拉斯：**我们大多数作品，其实是以景观摄影作为途径，对视觉的陈词滥调和摄影媒介的特性进行修订为基础，具体是指一直以来填满我们取景框的那股持续不断的自然摄影潮流。大家共同感兴趣的景观视角，集体的景观记忆等，都促使我们围绕着“经典的”景观进行了不少创作。我们主要是想从心理学的层面来思考自然与摄影，而这

《成为荒野》(*Becoming Wilderness*)系列，IX–D；© Inka & Niclas

《成为荒野》(*Becoming Wilderness*)系列，XVII；© Inka & Niclas

《成为荒野》(*Becoming Wilderness*)系列，XXX；© Inka & Niclas

些年来，我们的兴趣和创作方式一直在变化和演变，但对摄影真正的迷恋，以及要长期致力于摄影的决心等，一直都是我们的主要动力。但最终，我们所有的作品还是源于我们与创作媒材之间千变万化的关系。

**傅尔得：**你们说过：“我们将拍照和相机的作用视为现实世界和影像世界之间的桥梁。”能给我们详细解释一下“桥梁”的意涵吗？通过相机，你们如何定义世界的真实？

**因卡和尼克拉斯：**影像真实与物理的真实非常相似，但影像本身也

有其所遵循的规则。一旦相机将现实风景转入影像世界，对我们来讲，这张照片便跟现实的物理世界无关了。例如，相比于真实世界中景观的庄严感，我们更感兴趣它在摄影中如何呈现。我们有一个作品的出发点，就是北极光，北极光是我们北欧人的主要自然经验之一，也是让世界各地的人来到这里的原因。而奇怪的是，我们的记忆中却很少有天空布满了北极光的经验，但我们却在夸张的北极光和大量这种氛围的影像复制品中长大。因此，当我们想到北极光时，实际上想到的是早已存储于脑海中的那些影像记忆。

**傅尔得：**从《观看人类的观看》(*Watching Humans Watching*)到《萨迦》(*SAGA*，中世纪挪威或冰岛的传奇故事)系列，你们的视觉影像从呈现人类对自然的观察和探索，转到了纯粹的未知的自然景观，基于此，你们怎么看待人类和自然之间的关系？

《家庭肖像》(*Family Portraits*)系列，IV；© Inka & Niclas

《维纳斯的腰带和大地的影子》（*The Belt of Venus and the Shadow of the Earth*）系列，I；
© Inka & Niclas

《维纳斯的腰带和大地的影子》（*The Belt of Venus and the Shadow of the Earth*）系列，II；
© Inka & Niclas

**因卡和尼克拉斯：**这是一个宏大的问题。一开始，我们就一直对自然观念的神秘性很着迷，而且一直以来都在四处寻找这神秘的来源和证据，从北欧神话到异教徒的信仰，从当代流行文化到礼品店的灵性明信片等。似乎各地的人们都有着要在自然中消磨时光的需要，或至少是从虚拟的影像中得到满足。当我们外出工作时，常在外面看到或遇到一些旅行者，他们大多都着迷于其自身所处的自然，但部分人似乎也在期待着某种神秘时刻的到来，像三重彩虹、独角兽或恐龙之类的。但总之，那些广阔景观的力量是真实的，且会带给我们很多美好。

**傅尔得：**从《成为荒野》(*Becoming Wilderness*)到《维纳斯的腰带和大地的影子》(*The Belt of Venus and the Shadow of the Earth*)，你们通过很多技术上的辅助创作出了完全不一样的景观影像。比如，打在岩石上的光谱，熊熊燃烧的人工夕阳等，能说说你们在技术上是怎么处理的，以及为什么要这么做吗?

**因卡和尼克拉斯：**这些技术处理更纯粹地是为了让画面看起来更简单，就像相机拍下来的当下，画面就是如此。我们所用到的，只是一个普通的数码单反相机、一个闪光灯和一只镜头。我们像之前使用暗房一样运用图像处理软件，但这只意味着我们总是让作品的输出达到最好的品质，但在运用软件中，我们并没有给画面添加色彩，也没有运用任何蒙太奇的手法。我们只是在拍的过程中，使用了某些短暂且简单的技术处理，最终使得基于现实世界的影像发生了某种改变。这些方法包括将粉末撒到风中，或是简单地用滤镜将光变成彩色打在岩石上，对我们而言，关键在于这些手段的结果，不能通过任何其他方式而只能通过照片来体验。我们把每个曝光的时刻都视为一个高潮，将那些导致影像形成的行为和瞬间，视为景观、元素和相机的联盟。而你在提问中所提及的两种方法，我们在对夕阳的处理中都使用过。夕阳和作为一种氛围的夕阳效果，已经成为一种创作元素，一再出现在我们的创作中，我们一遍又一遍地解构并重新安排日落的影像。

**傅尔得：**你们对《观景点》（*Vista Points*）这个系列的预设是什么？在这个系列中，照片中间部分的景观，被一个黑洞的形状所遮挡，为什么要这么做？

**因卡和尼克拉斯：**拍摄那个系列时，是我们第四次开车穿越美国，我们打算逐个亲临那些有名的自然景观。所到之处都有一堆相机、手机对着景点在拍，到处都响起持续的快门声和数码产品的哒哒声。一会儿之后，你就会觉得面前的所有镜头，都已在景观面前疲惫不堪，而不知怎么地，你竟会觉得这些景观正在我们每天所制造的无数次曝光中渐渐消失。我们开始问自己，为什么非得要在这个成堆的且不断增长的景观影像中，多添加一张？基于这些思考，我们把常被投入观景平台瞭望仪中的那种25美分的硬币粘在镜头上，将此视为对景观摄影的一种侵略。

**傅尔得：**在《家庭肖像》（*Family Potraits*）这个系列中，你们将自己置身于风景中，而为什么要在这个系列中将你们自己变成不可见？你们怎么看待人们旅行、摆姿势、拍照并分享的这种影像文化？

**因卡和尼克拉斯：**是闪光灯使得我们在照片中隐身，无疑可以对这些画面进行开放的解释。我们将《家庭肖像》这个系列视作之前所有系列的综合体，从2012年我们开始拍摄记录性的旅行肖像《观看人类的观看》系列时，就孕育着《家庭肖像》系列。你所提及的旅行、拍照等，正是当今人们在旅行中所表现的例行行为，而照片成了一种显示的证据。《家庭肖像》系列是对宏大景观的描述和想象，也是再一次对相机在曝光时魔力瞬间的呈现。景观图像的大规模流通，以及人们对于将自身放置于自然和影像中的需求，都是我们在创作中要处理的有趣现象。

**傅尔得：**你们如何看待景观摄影在人类文化建构过程中的作用？

**因卡和尼克拉斯：**景观摄影无疑在很大程度上影响了我们如何接受这个世界。如今人人都有一些相机，也都有好几个屏幕，这就导致了大量且持续不断地产生景观照片。随便在谷歌上搜索任何胜地，屏幕就会

《家庭肖像》(*Family Portraits*)
系列, VI; © Inka & Niclas

《家庭肖像》(*Family Portraits*)
系列, V; © Inka & Niclas

《家庭肖像》(*Family Portraits*)
系列, VII; © Inka & Niclas

立即被此地戏剧性的浪漫化的照片的复制品所充满。只要我们从脑海中搜寻一下，之前在谷歌中搜索的某张照片就会自动弹出，这时我们便知道，那些图像是如此普遍和根深蒂固。有时候，当你要在真实世界和照片中的景观之间进行分辨时，会觉得我们对那些地方的回忆和感受，都变得模糊起来。

**傅尔得：**你们两人所受到的最大的共同影响是什么？通常在什么时候你们两人都会产生强烈的认同？

**因卡和尼克拉斯：**就目前而言，很难说清楚我们目前所受到的任何具体影响，我们总是不时从这里或那里得到一些灵感。但是，如果回到我们刚开始合作的阶段，摄影师约翰·狄弗拉（John Divola）的书《三幕》（*Three Acts*）真的为我们打开了眼界，狄弗拉用喷漆做标记的方法，对色彩的使用和对摄影的基本态度等，都对我们产生了影响。他的作品现在看来也依旧很好，我们也时不时从书架上取下这本书来欣赏。关于在什么时候我们会产生比较强烈的认同，当我们外出工作时住在帐篷或移动房车内时，是我们互相之间状态最好的时候。我们常常一外出工作，一去就是几个月，如果所有事情都进展得相当顺利，我们就会满载而归。但正是停工期间时将事情安排得井井有条，才使得我们在拍摄时能达到理想的状态。而当我们在液晶屏上观看作品时，那约20分钟的展示时间，是我们认为所有付出最值得的时刻，这也是我们产生强烈认同感的时刻。

·原载于《城市画报》杂志2017年6月刊，有改动

因卡 & 尼克拉斯（Inka Lindergård & Niclas Holmström）

因卡·林德加德（1985，芬兰）和 尼克拉斯·霍姆斯特（1984，瑞典），以摄影作为创作方式的艺术双人组，自2007年起一起工作、生活在斯德哥尔摩。他们的第二本书《维纳斯的腰带和大地的影子》（2016年），是对拍照和相机作为真实世界和影像世界桥梁的继续探索，该书被授予2016年瑞典艺术书奖。

# 20

## 玛雅·富尔 | Maya Fuhr

## 粉色，柔软的愤怒和反抗

图片社交软件Instagram以月活跃量10亿的庞大基数，无可替代地成为检测影像流行趋势的平台。摄影师玛雅·富尔（Maya Fuhr）所营造的柔和粉彩色调的世界，在Instagram上正广受追捧。

生于1989年，工作、生活在加拿大多伦多的摄影师玛雅·富尔，其在商业时尚和艺术领域的创作，正展现出西方千禧一代的当下面貌和价值观。

2013年为VICE拍摄的《垃圾女孩》（*Garbage Girls*）系列，是玛雅·富尔踏入摄影圈的开始，这个系列批判性地突出了性别的社会建构。一群完全无视呈现自我完美形象的20岁出头的年轻女孩，在她们各自超乎一般邋遢的房间内，自信地展现着自己。

从该系列的创作开始，玛雅·富尔一直都在挑战女性气质的教条化表达，并在挑战时尚传统的同时，探索着身份和性别。玛雅·富尔的作品大多围绕着女性在当下的态度和身材、流行等议题进行，亲密且乍看起来未经摆拍的模特姿势，随性、平常的环境和廉价易得的布景等，都让其作品散发出一种坦率、日记式、窥视的特质。

与玛雅·富尔玩世不恭的窥探美学并存的，是其有辨识度的让前卫

© Maya Fuhr

与怀旧并存的柔和粉彩色调，色彩成为她影像表达的重要组成部分。其以粉色基调的柔和色彩进行强烈女性表达的作品，体现了一种兼具“批判”和“柔美”的美学风格。

玛雅·富尔为一家总部位于加拿大蒙特利尔的在线精品情趣用品店所拍的照片，整组系列呈现出水粉蜡笔般的基调。她将情趣用品和其在各处搜罗而来的古怪物件搭建在一起，通过整体的粉色基调，搭建出

了一种乐园般的世界，让情趣用品看起来如糖果般甜蜜可口。

玛雅·富尔对于性所展现出的大方享受态度，呈现了年轻女性正视自我，并毫无羞怯地宣示身体需求的当代视角。

Instagram用户对柔软色调的痴迷在持续升温，很多摄影师都因其在色彩把控上的出色表现而广受追捧，玛雅·富尔便是其中一位。其实，不用对周遭环境十分敏感，你大概就已经感知到了粉色正在流行。无论是建筑、设计、时尚、影像，抑或是所有我们可以想象到的产品，粉色似乎都受到了空前的欢迎。

当然，在人工智能时代，数据说明着一切，它能如实告诉你，世界正流行着什么色彩，而数据则助力让Instagram上的流行之风越刮越猛。对于很多时尚、美食、视觉博主来讲，色彩分析软件正在帮助他们调整

© Maya Fuhr

照片的色调，以保持其发布的照片色调整体一致并跟上当前的流行。大量的滤镜和图片修改软件，都在满足Instagram上的追随者们以色彩紧随流行和前卫的需求。

当然，色彩的流行必然紧随时代而来，毕竟，流行产生取决于社会情绪、世界趋势、文化潮流以及商业营销等多重因素。

大数据之外，以专门开发和研究色彩而闻名的全球权威机构潘通公司（Pantone Inc.），在预测哪种颜色的流行和代表当前时代精神方面，拥有着难以置信的影响力。2015年11月，该公司宣布了水晶粉和宁静蓝两种颜色同时作为2016年的代表色。即便我们从该机构知道2017年流行草木绿，2018年流行紫外光，但2016年的水晶粉却拥有着其他色彩无法超越的使用范围和持久力，而且，其早在七八年前就已开始流行了。

或许因为，水晶粉不仅漂亮，还具有某种政治意义。首先，在近几

© Maya Fuhr

© Maya Fuhr

© Maya Fuhr

年来性别模糊现象持续升温的社会，水晶粉受到了所有性别的欢迎，特别是在中性运动早已暗潮汹涌的时尚界。举个很简单的例子，不知何时开始，我们便开始欣赏起随处可见的一件粉色男士衬衫或Polo衫。在全世界此起彼伏的同性恋合法化浪潮中，粉色展现了叛逆、中性的时代精神。其次，柔和的粉色也说明了社会对女性气质的理解正在发生变化。因其所具有的性别属性、女性气质、感性和脆弱性等多重内涵，水晶粉正在被广泛地应用于积极的女性美学中，这种美学欲在当前新一波女性主义的浪潮下，以“软”和“美”作为关键工具，来解构、颠覆和挑战既成的男权社会框架。

颜色的性别本质正在被挑战，因此，作为一种象征性语言，水晶粉

© Maya Fuhr

正传达出性别模糊的中性时代的普遍情绪：粉色不再是女性的专利，蓝色也不再是男性的专利。

在玛雅·富尔的作品中，我们能感受到色彩象征性带来的情感共振。她的创作中，模特并没有展现出明显的男女性别特征，性别在粉彩基调中被糅合在一起，形成一种新的美学，这种美学带有批判性。身为一名时尚行业的摄影师，玛雅·富尔用其具有辨识度的作品，强调了时尚行业固有的矛盾和缺陷，以力图改变人们对时尚行业的看法。正如她柔和的、褪色般的、带有颗粒感的毫无理想气质的作品，通过将瑕疵拍成真正的美，来改变世界对美丽的看法。

© Maya Fuhr

© Maya Fuhr

然而，有辨识度的色彩，还不足以让玛雅·富尔在业界立足，还得再加上她在把握时代情绪的前提下对千禧一代处境和价值观的认知。

在加拿大英属哥伦比亚省的一个田园小镇的成长过程中，喜欢大自然的玛雅·富尔，从未被家长鼓励去大百货公司购物，相反地，她的妈妈和妹妹正在温哥华经营一家环保服装店。进入时尚行业后，玛雅·富尔的大部分衣服还是二手旧衣服，并不认同更不信仰消费文化的她，常

© Maya Fuhr

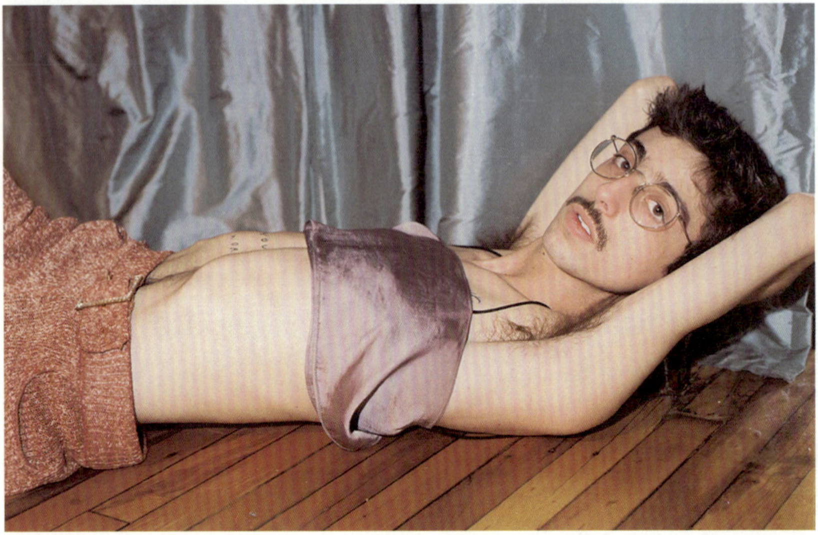

© Maya Fuhr

常经受着自我的道德困境。而这困境反过来成为她的创作力量，让她用时装的语言来讨论个人的身份及文化背景。比如，她意图通过展现材质的细节等，鼓励人们去解构自己的穿着，思考时装产业的深沉问题。

玛雅·富尔很自然地用作品为其所属群体说话。她以自然、坦率的照片，来试图抵抗完美的营销式的经典影像。照片的动感是她刻意追求的目标，她所创造的影像，大多像是被偷拍，展现了年轻人在聊天、吃饭、闲逛、聚会时的放松状态。而服装的展示地点，也不再是高档会所、豪华酒店、庄园别墅、欧洲古堡等地方，而是在一些随意的日常地点：早餐店、街边摊、便利店、昏暗的停车场、平淡无奇的屋顶，甚至是邋遢的路边。这种美学或许击中了年轻人的要害，他们似乎很吃这一套：不动声色下的特立独行。而更深沉的现状，是在经济全球化所加剧的贫富差距，且人工智能逐渐取代人类工作的时代，目前整个世界的年轻

人，日子都并不好过。Instagram上的流量意味着影响力和市场行情，意料之外却又情理之中的是，香奈儿、阿迪达斯等品牌都找玛雅·富尔，以她网络时代标新立异的美学来表现其产品。

时代以数据的形式，接纳了玛雅·富尔兼具批判性和柔美的美学。

## 访　谈

**傅尔得：**你出生并成长于加拿大，你的作品多大程度上呈现并反映了你的生活背景？你的加拿大背景在你进入这个领域时起到过什么作用呢？

**玛雅·富尔：**我出生在加拿大英属哥伦比亚省的一个叫维多利亚的地方，它在加拿大西端的一个岛屿上。那是一个理想的成长环境，因为在大自然的包围下，我们总是可以常常去徒个步，或去海滩走走，那座城市有种宁静的氛围。我最初给朋友们拍照会有肾上腺素上升的感觉，那感觉就像来到了一个繁忙的大城市。而我作品中所呈现的自然色彩，正是我成长于加拿大的直接结果，加拿大有太多美丽的自然风景了。

**傅尔得：**你曾经说过你的奶奶史黛拉（Stella）是影响你创作的灵感来源之一。哪些人影响过你的创作？除了摄影师外，还有哪些外部因素影响过你呢？

**玛雅·富尔：**其实，我周围的人都给了我创作灵感：我的伴侣、朋友、奶奶等。还有情趣用品，一个舒适的家，不同质感的材料，如陶土等等，影响我的东西每天都在改变。

**傅尔得：**你的彩色柔软、朦胧的作品，为我们呈现了一个超凡脱俗的梦幻柔和的世界。你一般是如何决定作品的颜色基调的？

**玛雅·富尔：**我选择那些能让我内心感到温暖的颜色。颜色可以转

© Maya Fuhr

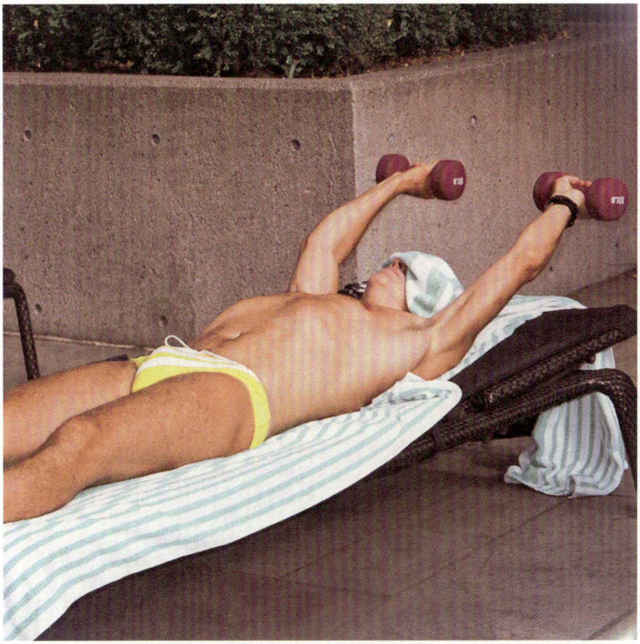

© Maya Fuhr

化一种感觉，所以我选择的颜色是要有助于描绘出主题氛围以及作品整体氛围的那种。

**傅尔得：**很多摄影师都曾在彩色摄影领域表现出众，如威廉·埃格尔斯顿（William Eggleston）、乔尔·斯坦菲尔德（Joel Sternfeld）、史蒂芬·肖尔（Stephen Shore）、乔尔·迈耶罗维茨（Joel Meyerowitz）等。而如传奇时尚摄影师盖·伯丁（Guy Bourdin）等，也为今天的时尚彩色摄影铺过路。你怎么看待彩色摄影这一传统的？那些摄影师曾影响过你吗？

**玛雅·富尔：**所有那些著名的摄影师都是男性，这真是太让人抓狂

了！其实，在博物馆里看到威廉·艾格斯顿的作品后，影响了我对拍摄日常事物的执着，他认为照片其实没有什么特别的意义，比如他在一个无聊的炎热的某天拍的照片，只是通过镜头找了一些目标，他的拍照理念对刚拍照时的我影响很大。我喜欢盖·伯丁的作品，但我并不认为我的摄影受到了他的影响。当我拍摄时，我的直觉会异常敏锐，我试图把眼睛看到的转化成一张永久的照片。相比于盯着那些已存在的照片，我其实更喜欢在早上喝咖啡的时候构想一些影像。

**傅尔得：**时尚影像常常被认为是产生欲望的原因。作为一个摄影师，你怎样找到一个合适的平衡点，不让消费主义碾轧你的创作呢？

**玛雅·富尔：**意识到消费文化，以及我的时尚摄影对观众产生了怎样的影响，对我来说都是非常重要的，但是，我一定要在娱乐和欲望之间保持平衡。我逐渐在尝试用品牌来表达我的想法，而与此同时，这些

© Maya Fuhr

© Maya Fuhr

照片也能让我的客户进行产品的销售。我个人的大部分衣服其实都是二手、复古的。相较而言，我更喜欢花钱买朋友们的艺术品而不是高级时装。

**傅尔得：**我读到过一条关于你摄影的评论，“艺术家玛雅·富尔的兴趣在于通过强调服装行业固有的矛盾和缺陷来改变人们对服装行业的看法”，你同意这个观点吗？

**玛雅·富尔：**是的，其实我发现能看到处于时尚和营销之间的幽默很重要，而我创作的照片也不会太严肃。在我看来，高端品牌是真正的品牌，它们跟快时尚有着很大的区别。我们很少知道服装是由谁或在哪里制作的，但充满色彩的时尚照片或穿着这些服装的名人等，都会让人产生一些难以实现的欲望，而那些欲望则驱使着这个行业的运转。

**傅尔得：**你作品的背景和环境，大多呈现出一股廉价材料的美学，你是如何决定和选择它们的？

**玛雅·富尔：**当在为静物拍摄选择背景或材料时，我其实是在创造一个我想象这些物体所能居住的世界，它们要属于那里。一般我会去五金店或布料店，看看哪些东西让我感兴趣，这有点像去买一条能搭配你的沙发的合适地毯。

**傅尔得：**你曾经说过你拍照是为了“寻找任何情感上的真实”，可以具体说明一下吗？

**玛雅·富尔：**在我年轻的时候，拍片肯定是为了认识别人或进一步与他们产生联系。而随着年龄的增长和情感上的成熟，我的拍摄也变得不同了。然而，某种真诚的品质或真诚的表达对我而言仍然很重要。

**傅尔得：**你2017年和2016年在画廊两次展览的作品，看起来都更像是装置作品，为什么要在一个作品中同时进行雕塑和摄影的呈现？

**玛雅·富尔：**我喜欢将雕塑或装置作品与照片进行同时展示，因为它们之间可以互相交流。这就像我在照片里为拍摄对象创造出了一个世界一样，我喜欢在画廊里创造一个世界来展示它们。

*·原载于《城市画报》杂志2018年10月刊，有改动*

玛雅·富尔（Maya Fuhr）

时尚及艺术摄影师。1989年出生于加拿大英属哥伦比亚省的维多利亚市，现工作、生活于多伦多。2000年毕业于加拿大魁北克道森学院的电影与传播学专业。2016、2017年在加拿大的项目画廊（Project Gallery）进行过两次个展。玛雅·富尔的合作品牌有Chanel、Adidas、MARC JACBOS、M.A.C、TOPSHOP等。合作媒体有《i-D》《NYLON》《Oyster》《DAZED》《PAPER》《Numéro》《VOGUE》等。

# 21

## 薇薇安·萨森 | Viviane Sassen

## 身体，展示情绪的雕塑

对大多数想要跨足艺术界的时尚摄影师而言，薇薇安·萨森（Viviane Sassen）可以作为他们少数的几个榜样之一。就在他们困扰于在接踵而至的商业案子中逐渐消磨了创造力，或发愁于难以突破画地为牢的惯性思维时，薇薇安·萨森却同时在时尚界和艺术界都获得了重要的名声。在多年的创作实践中，薇薇安·萨森发展出了一种具有辨识度的个性语言：如雕塑般扭曲或交织在一起的身体，在交叠的阴影、明亮的色彩下，以富有抽象性的呈现形式。很显然，薇薇安·萨森突破了将面孔作为表达情绪的传统窠臼，转而将身体作为一种可塑的元素和材料，以肢体形态的无穷变化，来表达情绪、传递信息。也正是其将身体视作雕塑般的语言的做法，让她游刃有余地活跃在时尚界和艺术界。

2004年开始拍摄于非洲的系列《Flamboya》，让薇薇安·萨森在2007年获得了罗马大奖（Prix de Rome），使作为时尚摄影师的她一脚跨进了艺术界。随着2011年拍摄了5年的非洲系列《Parasomnia》的发表，薇薇安·萨森随即成了影像艺术界的一颗耀眼新星。那一年，她不仅受邀参加了当年度纽约现代艺术博物馆的新摄影展（New Photography），更获得了纽约国际摄影中心的无限摄影奖（Infinity

维多利亚（Victoria），2005，《Flamboya》系列；© Viviane Sassen

遗言（Testament），2011，《Parasomnia》系列；© Viviane Sassen

Awards)。如今，薇薇安·萨森早已成为受邀在各国美术馆举办个展的常客。

薇薇安·萨森镜头下的非洲突破了当时外界对非洲的刻板印象。那是一个与艾滋病、饥饿、贫穷、脏乱无关的非洲，是一个以其独特的艳丽色彩和廉价易得的材质来表达个性的非洲，是一个以有别于常态的肢体语言来表达内心声音的非洲。那些如雕塑般的肢体所散发的超现实主义气息，让人既困惑又着迷，在薇薇安·萨森大获成功后，这种以肢体表达情绪的方法，被人不断簇拥和模仿，在Instagram上，随处都能找到薇薇安·萨森式的非洲影像。

用难以找到理解路径的肢体动作进行交流，是薇薇安·萨森童年经历的烙印。1972年出生于荷兰阿姆斯特丹的薇薇安·萨森，在2岁时因为父亲要到肯尼亚西部一个偏远村庄当医生，便跟随家人搬去了非洲，直到5岁才回到荷兰。因为家旁边有个小儿麻痹症儿童之家，她最早的非洲视觉记忆便来自身患小儿麻痹症的玩伴们。她着迷于小伙伴们的肢体形状，却无法用自己的身体去模仿，也全然不知道那其实是一种病态。回到荷兰后，直到成年的过程中，她都常常在镜子前用胳膊和腿做出奇怪的形状，调整不同的姿势以将手臂和身体部位隐藏起来。在大学生涯中短暂的做模特期间，她也没有间断过对自己的胳膊、脸和身体的探索。很多时候，相比于摄影师，薇薇安·萨森更将自己看作是一名雕塑家，用身体进行自由的雕塑和实验，来传达情绪、信息和意义，已成为她潜意识里的一种表达。

进入薇薇安·萨森的世界，了解其经历，是理解其创作的核心所在。在非洲的童年，铺就了她日后的创作基底。回到荷兰的薇薇安·萨森，一直觉得自己属于非洲却又回不去，因此产生了归属上的永久困惑，她受困于两个完全不同的世界之中，因而常在梦中和真实的世界之间穿梭。这些经历和感受，也融入了其创作中，她常常通过一面镜子或阴影，创造进入另外一个世界的切入口和可能性。

成年后的薇薇安·萨森，关键的一次重返非洲，是2002年跟作为

工业设计师的丈夫一起去非洲进行长时间的旅行。薇薇安·萨森的丈夫跟她一样有着相似的经历和多元化背景，他随着其在非洲行医的父亲在非洲度过了童年，出生在赞比亚，在坦桑尼亚生活了很长时间。在长达几个月的非洲旅行期间，薇薇安·萨森不仅重温了她与丈夫在童年时各自生活过的地方，而且发现了非洲的年轻人跟世界其他地方的年轻人没什么不同。同时，她再一次以孩童般的无差别眼光看待非洲，以雕塑般的肢体形态来表达情绪。

在非洲影像中，薇薇安·萨森摒除了叙事性，将拍摄对象从其具体的环境和传统意涵中剥离了出来，通过主导其怪异的肢体动作，而将其重塑为传达其自身幻想和欲望的形态。这些形态可以是顽皮或幽默，可以是荒诞或神秘，但却都以如此抽象化的形式来表达一种共通的人类情感。

肢体的抽象性，在其2014年的系列《暗影》（*Umbra*）中得到了强化。大部分作品以部分身体的怪异摆设呈现，不仅如此，这一系列中，身体跟阴影有着更大面积的交叉，甚至完全重叠，以黑色剪影呈现。这一系列中，去叙事和去人格化更为明显，画面抽象至几何色块和线条的交叠，在空无的画面中，呈现出浓烈的情绪。这情绪承载着薇薇安·萨森对死亡的恐惧、对爱的渴望，以及对未知和失去的恐惧和焦虑。

观者若试图去理解她的画面，发掘其象征含义，往往会被其肢体和阴影的影像引发更多的困惑。薇薇安·萨森的画面尽可能去除了叙事性的因素，这反而让观者困惑在其画面的形体和阴影中，但在困惑的同时，观者有可能从其受困的理性中解放出来，潜入各自的意识深处，从而触发其看到人类共通的对光明、生命等的渴望与对黑暗死亡等的恐惧。这一系列既展现了马列维奇的黑方块般至上主义的纯粹抽象，又展现了蒙德里安在色彩与线条的平衡中对根除自然形式的决心。薇薇安·萨森的画面试图穿透现代生活的喧嚣，去描述更为深刻、意义更为深远的精神遗憾，而抽象则是为了产生更广阔的共情。

在时尚摄影中，薇薇安·萨森也展现了其潜意识中用肢体表达情绪

唐菖蒲（Gladiola），2017，《泥中之莲》（*Of Mud and Lotus*）系列；© Viviane Sassen

J.F，2010，《Parasomnia》系列；© Viviane Sassen

的能力，她在一开始便摆脱了时尚界流行的规范和惯例。在拍摄中，薇薇安·萨森将模特的肢体调度到一定的角度，或将身体某个部分隐藏起来，或以非常态的体态呈现，在形式产生的张力中，试图寻找空间关系的平衡。

在没有拍摄非洲之前，薇薇安·萨森就在给独立杂志或地下先锋杂志拍摄时尚内容，如《i-D》《Dazed & Confused》《Purple》《Kutt》《RE》等。薇薇安·萨森的作品中，模特都摆出简单、怪异、硬邦邦、抽象的姿态，从一开始便带着吸引人的力量。

薇薇安·萨森赋予了身体一种从未有过的重要性，她成了不断变换的时尚界的先行者之一，并将之前从未有过甚至令人不安的人体形象带入拍摄中，将时尚摄影提到了超现实主义的高度。

近三四年来，把身体当作衣架来展现商品的做法正在成为传统，以

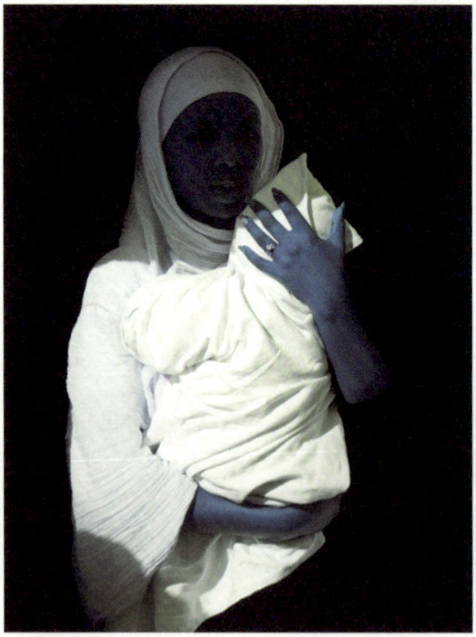

乌玛娜（Umana），2017，《泥中之莲》（*Of Mud and Lotus*）系列；© Viviane Sassen

深蓝（Ultramarine），2017，《泥中之莲》（*Of Mud and Lotus*）系列；© Viviane Sassen

鼓(Drum), 2013,《皮金 · 斯利村》(*Pikin Slee*)系列;
© Viviane Sassen

幽默、荒谬、超现实、出乎意料的方式展现人体的新美学表达不断出现，且逐渐取代了通过财富、奢华、秩序、性感、美丽等来展现魅力的影像。时尚摄影不再仅仅作为一种推销商品的媒介，摄影师们争相进入一种新的潮流，身体正成为一种强有力的表达工具，影响着人们看待服装的方式。这种改变让身体的表现更加夸张，以扭曲、隐藏、抽象等杂技般的造型，将以往的展示方式颠覆：身体或完全被衣服包裹，或将衣服上下内外颠倒着穿，甚至摆出瑜伽姿势而将衣服放在一边，等等。

可以明显感受到的是，过去由男性视角和立场主导的时尚行业正在悄然发生改变，越来越多如薇薇安 · 萨森一般对身体有着不同见解的女

无题042，2017，《罗克珊Ⅱ》（*Roxane Ⅱ*）系列；© Viviane Sassen

性摄影师进入这一行业。薇薇安·萨森就希望女性在她镜头前要表现出一种力量而不是顺从。模特不再只是以取悦人的姿态出现，而开始肆意展示自我的个性和欲望。时尚界也正在远离统一的高标准的性感身材，当下一些模特开始跟传统模特的审美相去甚远，摄影师们也不全然在寻找完美身材的模特，他们更倾向于寻找一个角色，这个角色要能承载一种崭新的表演美学，要能唤起人们的思考：身体既是一种可塑的形式，也是一种展示、释放情绪的雕塑。

在时尚界和艺术界同时具有声望的薇薇安·萨森，在其作品中一贯秉承了其对身体的强烈态度。

多年来，她一直在不断探索和尝试新的方法来捕捉和展现身体的情绪，在最近的系列《罗克珊II》(*Roxane II*)和《泥中之莲》(*Of Mud and Lotus*)中，她便在原来的基础上，添加了拼贴、彩色粉末或颜色涂料等表现手法，以拓展对身体的多维度表达。

## 访　谈

**傅尔得：**交织在一起的身体、雕塑般的姿态和抽象形式，已成为您强有力的个人影像语言，您如何定义身体作为一件物体或雕塑与身体作为一个个体的区别？您也曾经说过身体本身有它的表情，请详细说明一下。

**薇薇安·萨森：**我认为身体的形态和姿势可以超越情感，而不需要一张脸作为额外的或简单的信息说明。相比起来，一张脸可能更容易“阅读”，但身体在运动的方式上很有表现力，它能向我们展示内心的感受。如果你去看看古典雕塑或现代舞等等，就会明显地感受到，身体虽然是一个物体，但它有能力向我们展示人们内心的情感。

**傅尔得：**您是一位艺术家，同时也是一位时尚摄影师。在近期英国《金融时报》的一篇报道中，您曾说：“人们开始认为艺术形象也是时尚

形象，但事实并非如此。”能说说为什么吗？

**薇薇安·萨森：**不同之处在于它们产生的背景，以及我个人的意图。时尚照片首先是一种展示衣服的工具，通常是穿在一个漂亮的女孩身上。时尚图片在形式方面可能非常有趣，但通常没有更深层次的思考。我觉得我的个人作品，我的艺术，有着更多的吸引力，因为它们融进了我的人生中，里面还包含了我对生活的概念和想法，我如何看待世界，以及我在其中的位置。从这个意义上说，时尚摄影更有趣、更外向，但我的艺术更严肃、更发人深省。

**傅尔得：**从2017年完成的《罗克珊II》、《泥中之莲》、《淡紫色》（*Heliotrope*）这三个系列来看，您似乎在后期制作方面已经超越了之前在抽象和形式方面的实验。一些作品经过了数码处理，增加了一些照片中本没有的形状和颜色，有些照片上甚至用记号笔进行了涂画，还有的进行了拼贴，有的地方还用特定的颜色进行了标注和加强。为什么您近期的创作方式发生了如此大的变化？

**薇薇安·萨森：**对我来讲，我认为在我的整个创作实践中，这些都是非常合理的改变。多年前，当我刚从艺术学校毕业的时候，我也曾用颜料制作照片，主要是用黑色笔来改变照片。我也一直在做拼贴，尽管更多的是在我编辑时尚照片的过程中，而不是在我的艺术创作中。最近，我有一种冲动，想要扩展我的世界和创作的可能性，也进一步来实验一下摄影这种媒介。我其实一直都在画画，所以在照片上画画对我来说是合乎逻辑的一步。如果你看一下我以前的作品，我想应该会发现我早已埋藏了绘画思考的迹象，大都非常关乎结构和颜色。

**傅尔得：**您将参加在杜塞尔多夫北威州论坛美术馆（NRW-Forum Düsseldorf）在2018年底举行的主题为“包豪斯与摄影——论当代艺术的新视野”的展览，能从摄影的角度谈谈这次展览吗？

**薇薇安·萨森：**我是受策展人克里斯·肖尔茨（Kris Scholz）教授

的邀请参加的，必须承认的是，我还并没有很好地准备这个展览。但我认为这是一个非常有趣的主题，我等不及要看展览了。我一直觉得自己与包豪斯以及他们的美学眼光有着紧密的联系，我喜欢简单的颜色和形式，看看这将如何转化为当代摄影将会非常有趣。

·原载于《城市画报》杂志2018年11月刊，有改动

薇薇安·萨森（Viviane Sassen）

1972年出生于荷兰阿姆斯特丹，幼年时期曾住在肯尼亚，目前生活、工作于阿姆斯特丹。她最初在阿纳姆皇家学院（Royal Academy in Arnhem）学习时装设计，后来转到乌得勒支艺术学院［The Utrecht School of the Arts（HKU）］学习摄影，并取得美术硕士学位。薇薇安·萨森是一名在时尚和艺术领域都有所成就的摄影师，其作品在世界各地广泛出版和展出，包括2018年在英格兰西约克郡韦克菲尔德·赫普沃斯美术馆（The Hepworth Wakefield）的个展，2017年在芝加哥当代摄影博物馆的个展等。

责任编辑　程　禾
文字编辑　王家豪
装帧设计　巢倩慧
责任校对　王君美
责任印制　汪立峰

图书在版编目（CIP）数据

对话：21位重塑当代摄影的艺术家 / 傅尔得著. -- 杭州：浙江摄影出版社，2021.8
（"摄影丛谈"书系）
ISBN 978-7-5514-3353-2

Ⅰ. ①对… Ⅱ. ①傅… Ⅲ. ①摄影师－访问记－世界 Ⅳ. ①K815.72

中国版本图书馆CIP数据核字(2021)第115727号

"摄影丛谈"书系
DUIHUA: 21 WEI CHONGSU DANGDAI SHEYING DE YISHUJIA
对话——21位重塑当代摄影的艺术家
傅尔得　著

全国百佳图书出版单位
浙江摄影出版社出版发行
地址：杭州市体育场路347号
邮编：310006
电话：0571-85151082
网址：www.photo.zjcb.com
制版：杭州万方图书有限公司
印刷：浙江捷派印业有限公司
开本：889mm×1194mm　1/32
印张：9.75
2021年8月第1版　2021年8月第1次印刷
ISBN 978-7-5514-3353-2
定价：78.00元